集工学法之劳动法实用问题100+例

厦门市集美区总工会
集工法务苑法律服务团队◎编著

法律出版社
LAW PRESS·CHINA
北京

图书在版编目（CIP）数据

集工学法之劳动法实用问题100+例／厦门市集美区总工会集工法务苑法律服务团队编著. --北京：法律出版社，2024. --ISBN 978-7-5197-9343-2

Ⅰ. D922.505

中国国家版本馆CIP数据核字第2024894YP4号

集工学法之劳动法实用问题100+例
JIGONGXUEFA ZHI LAODONGFA SHIYONG WENTI 100+ LI

厦门市集美区总工会 集工法务苑法律服务团队 编著

责任编辑 赵明霞 魏艳丽
装帧设计 贾丹丹

出版发行 法律出版社
编辑统筹 法商出版分社
责任校对 王 丰 郭艳萍
责任印制 胡晓雅
经 销 新华书店

开本 A5
印张 14.625 **字数** 348千
版本 2024年10月第1版
印次 2024年10月第1次印刷
印刷 保定市中画美凯印刷有限公司

地址：北京市丰台区莲花池西里7号（100073）
网址：www.lawpress.com.cn
投稿邮箱：info@lawpress.com.cn
举报盗版邮箱：jbwq@lawpress.com.cn

销售电话：010-83938349
客服电话：010-83938350
咨询电话：010-63939796

书号：ISBN 978-7-5197-9343-2 **定价**：58.00元

凡购买本社图书，如有印装错误，我社负责退换。电话：010-83938349

《集工学法之劳动法实用问题100+例》

编　委　会

编　写　组

组　长：李宗泰
成　员：李永华　李海燕　杨　祯
林少卿　张志滨

前　言

为深入贯彻落实习近平总书记关于工人阶级和工会工作的重要论述，强化宗旨意识，聚焦主责主业，厦门市集美区总工会以回应广大职工最关心、最直接、最现实的诉求为目标，积极探索服务职工新途径、新方法，推进工会工作提质增效。当前，劳动法律关系日益复杂，职工权益保护的重要性愈发凸显。《集工学法之劳动法实用问题100+例》的编写，正是基于这样的背景，旨在为广大职工提供一本易懂、实用的劳动法指南。

本书由集美区总工会组织集工法务苑法律服务团队、上海锦天城（厦门）律师事务所劳动法领域专业律师精心汇编，汇集了劳动法领域常见问题，涵盖了入职与劳动关系的认定、劳动合同、薪酬与福利、工作时间与休息休假、社会保险、劳务派遣与非全日制用工、竞业限制与服务期、经济补偿及赔偿金、仲裁时效等多个方面。本书通过聚焦广大职工在实际工作中经常遇到或较为关注的内容选取案例，结合最新的国家政策和法律法规，由专业律师进行精彩解说。希望通过这本书，让辖区内每一位职工不仅能够知法、学法、懂法，更能有效地维护自己的合法权益，不断推动辖区内和谐劳动关系高质量发展。

集工法务苑法律服务团队

《集工学法之劳动法实用问题100+例》编写组

2024年9月

目　录

02
chapter

第一章

入职与劳动关系的认定

第一节　招聘与入职

001　岗位招聘以男性优先，合法吗？

基本案情

某零售公司拟招聘会计一名，王小姐和林先生经过多次严格的笔试，进入最后面试环节。最终，王小姐综合成绩排名第一，林先生综合成绩排名第二，但某零售公司却选择直接决定录用林先生。王小姐不解，找到公司负责人询问原因，负责人称本公司本次的会计职位“男性优先”，因此选择了林先生。王小姐不服，认为公司的做法存在性别歧视。

争议焦点

某零售公司会计岗位招聘要求“男性优先”，合法吗？

律师解说

日常生活中，虽然“男性优先”“只招男性”的招聘信息随处可见，但并不表明此种行为合法。《国家人权行动计划（2021－2025 年）》指出，应保障妇女平等就业权利，消除就业性别歧视，规范招聘行为，并将就业性别歧视问题纳入劳动保障监察工作之中，对涉嫌就业性别歧视的用人单位开展联合约谈。根据《中华人民共和国劳动法》第十三条、《中华人民共和国妇女权益保障法》第四十三条和《中华人民共和国就业促进法》第二十七条的规定，用人单位在招聘过程中，除国家另有规定外，不得限定为男性或者规定男性优先。

本案中，会计岗位并不属于对性别有特殊要求的“不适合妇女的工种或者岗位”，某零售公司以“男性优先”的标准直接排除排名第一的王小姐，明显是对女性的歧视，侵犯了王小姐的平等的劳动权利。

法律规定

《中华人民共和国劳动法》

第十三条　妇女享有与男子平等的就业权利。在录用职工时，除国家规定的不适合妇女的工种或者岗位外，不得以性别为由拒绝录用妇女或者提高对妇女的录用标准。

《中华人民共和国妇女权益保障法》

第四十三条　用人单位在招录（聘）过程中，除国家另有规定外，不得实施下列行为：

（一）限定为男性或者规定男性优先；

（二）除个人基本信息外，进一步询问或者调查女性求职者的婚育情况；

（三）将妊娠测试作为入职体检项目；

（四）将限制结婚、生育或者婚姻、生育状况作为录（聘）用条件；

（五）其他以性别为由拒绝录（聘）用妇女或者差别化地提高对妇女录（聘）用标准的行为。

《中华人民共和国就业促进法》

第二十七条　国家保障妇女享有与男子平等的劳动权利。

用人单位招用人员，除国家规定的不适合妇女的工种或者岗位外，不得以性别为由拒绝录用妇女或者提高对妇女的录用标准。

用人单位录用女职工，不得在劳动合同中规定限制女职工结婚、生育的内容。

002 以户籍作为拒绝招聘理由构成就业歧视吗？

基本案情

2023年7月，某贸易公司在网络招聘平台发布招聘通知，拟招聘“国际贸易专员”和“法务专员”各一名。两个岗位的招聘要求中均包括“大学本科学历及以上”和“具有良好的沟通能力和协调能力”两项要求；“国际贸易专员”岗位额外要求“具有良好的英语口语水平”；“法务专员”岗位额外要求“已获得法律职业资格证书”。严某因同时符合两个岗位的招聘条件，通过招聘平台向某贸易公司投递了针对这两个岗位的求职简历，求职简历中包含姓名、性别、出生年月、户口所在地、现居住城市、学历、职业证书等个人信息。某贸易公司收到严某的简历后，未针对上班地点等问题与严某进行进一步沟通，直接拒绝了严某针对两个岗位的求职申请，理由是严某的户籍所在地不在某贸易公司营业地。严某遭到拒绝后认为某贸易公司构成就业歧视，向法院提起诉讼。

争议焦点

某贸易公司以户籍所在地不在公司营业地为由拒绝招聘严某，是否构成就业歧视？

律师解说

根据《中华人民共和国就业促进法》第三条的规定，劳动者享有平等就业的权利，在就业时不应因民族、种族等客观因素的差异受到歧视。用人单位应当保障劳动者的平等就业权，不得对劳动者进行不合理的差别对待。在区分差别对待是否合理时，应当结合岗位的要求以及区分因素的主客观性进行综合判断。

在本案中，某贸易公司在招聘“国际贸易专员”和“法务专员”时提出的几项招聘要求，既属于拟招聘岗位合理的专业要求与能力要求，又可以由劳动者通过提升自身劳动素质和劳动能力实现，通常属于对招聘人员的合理区分，以便匹配到更为合适的招聘人选，不属于对劳动者平等就业权的侵犯。但某贸易公司以严某户籍所在地不在公司营业地为由拒绝严某的求职申请则属于就业歧视。一方面，户籍所在地是严某无法自主选择、控制的客观因素。另一方面，户籍所在地与严某申请的两个岗位之间均无必然联系，某贸易公司未与严某具体沟通工作地点，无法证明户籍所在地会影响严某的具体工作或劳动技能。因此，某贸易公司在招聘中以户籍所在地作为区分标准不具有合理性，违反了《中华人民共和国就业促进法》第二十六条的规定，构成对严某的就业歧视，且主观上具有过错，应当承担法律责任。

法律规定

《中华人民共和国就业促进法》

第三条 劳动者依法享有平等就业和自主择业的权利。

劳动者就业，不因民族、种族、性别、宗教信仰等不同而受歧视。

第二十六条 用人单位招用人员、职业中介机构从事职业中介活动，应当向劳动者提供平等的就业机会和公平的就业条件，不得实施就业歧视。

003 “职业劳动碰瓷”行为是否应该制裁？

基本案情

吴某于2023年3月入职某机械公司，从事车工工作，工资按件计算。吴某于2024年1月离开某机械公司，工作期间工资全部支付完毕。吴某离职后，认为某机械公司在用工时拒绝与员工签订劳动合同，未支付加班工资、未缴纳社会保险费，于2024年2月向该市劳动人事争议仲裁委员会提起仲裁，在劳动人事争议仲裁委员会作出不予受理通知书后，吴某于次日诉至法院。

法院经审理查明，吴某于2018年1月至2021年2月曾在四家机械公司担任平车工，在每家公司的工作期限均为4至6个月，之后在年底以所任职公司未签订劳动合同、未支付加班工资、未缴纳社会保险费等事由，多次以诉讼或仲裁的方式提出支付二倍工资、加班工资、经济补偿的仲裁申请或诉讼请求。

争议焦点

吴某是否有权要求某机械公司支付加班工资？

律师解说

《中华人民共和国民法典》第七条规定：“民事主体从事民事活动，应当遵循诚信原则，秉持诚实，恪守承诺。”《中华人民共和国民事诉讼法》第十三条第一款规定：“民事诉讼应当遵循诚信原则。”诚实信用原则，要求一切市场参加者在不损害他人利益和社会公益的前提下，追求自己的利益，目的是在当事人之间的利益关系和当事人与社会之间的利益关系中实现平衡，并维持市场道德秩序。

吴某自 2018 年开始至今，多次利用相同或相似事由申请仲裁或提起诉讼，其在明知用人单位存在不规范用工的情况下，未提示或告知用人单位相关法律风险，而是利用所任职公司未能依法规范建立用工制度等漏洞，多次制造劳动争议纠纷，扰乱劳动力市场，不属于真正意义上依法善意行使法律赋予诉讼权利的劳动者，已经扰乱正常诉讼秩序，违背了诚实信用原则的要求，构成滥用诉权、恶意诉讼，应当由法院驳回其诉讼请求。

法律规定

《中华人民共和国民法典》

第七条　民事主体从事民事活动，应当遵循诚信原则，秉持诚实，恪守承诺。

《中华人民共和国民事诉讼法》

第十三条　民事诉讼应当遵循诚信原则。

当事人有权在法律规定的范围内处分自己的民事权利和诉讼权利。

004 劳动者伪造学历入职，单位是否可以解除劳动合同？

基本案情

刘某于 2018 年 2 月进入某销售公司工作，在招聘面试时，虽然招聘条件没有学历要求，但为获得较高的竞争力，刘某在某网站伪造了一张研究生学历证，并在面试时提供了该证件，公司也未进行审查。在之后的工作期间，刘某工作表现出色，销售业绩常常位居第一，得到了公司领导的一致认可，并于 2021 年续签了劳动合同。2023 年 3 月，公司人事部在整理员工档案时发现刘某的研究生学历证书复印件有造假嫌疑。公司随即向其本人求证，刘某如实交代了当时面试时所提供的学历证书复印件是伪造的。公司得知此事实后，便以刘某“提供虚假应聘材料，构成严重违纪”为由与刘某解除了劳动合同（某销售公司规章制度中并无关于伪造学历可以辞退的规定）。刘某对某销售公司的处理不服，即向劳动人事争议仲裁委员会提起劳动争议仲裁，要求某销售公司支付违法解除劳动合同的赔偿金。

争议焦点

刘某伪造学历入职，某销售公司是否可以以此解除劳动合同？

律师解说

所谓虚假学历或学历造假，主要是指没有学历伪造学历、低学历伪造高学历、伪造特定专业学历等情形，其伪造的学历无法在学信网上核验。

劳动者伪造学历入职的情况下，用人单位是否可以解除劳动合同取决于多个因素，包括但不限于：是否存在欺诈行为、用人单位是否有明确的录用条件、用人单位是否履行了审查义务以及用人单位对劳动者的实际价值判断等。只有在劳动者的欺诈行为导致劳动合同无效或者明显影响用人单位决策的基础上，用人单位才有权解除劳动合同。

本案中，虽然刘某入职时提供的研究生毕业证书无法在学信网和学校得到认证，存在学历造假行为，但是招聘录用条件并未要求研究生学历，即使没有该研究生学历也不会影响销售公司的录用决策，且刘某入职后的工作表现和销售业绩，均得到了销售公司的认可，其学历情况不影响入职之后的工作。此外，即便刘某提供了虚假的学历信息，销售公司自身也存在审查不力的情况，未能审查学历信息的真伪，存在一定的过错。故某销售公司属于违法解除劳动合同，应当向刘某支付赔偿金。

需要注意的是，并非所有的情形下，劳动者伪造学历，用人单位都不能解除劳动合同。若劳动者在入职时提供了虚假的学历，明显不符合录用条件，导致用人单位产生错误认识，直接影响到用人单位的录用决策，构成欺诈时，用人单位解除劳动合同是合法的。

法律规定

《中华人民共和国劳动合同法》

第三十九条 劳动者有下列情形之一的，用人单位可以解除劳动合同：

（一）在试用期间被证明不符合录用条件的；

（二）严重违反用人单位的规章制度的；

（三）严重失职，营私舞弊，给用人单位造成重大损害的；

（四）劳动者同时与其他用人单位建立劳动关系，对完成本单位的工作任务造成严重影响，或者经用人单位提出，拒不改正的；

（五）因本法第二十六条第一款第一项规定的情形致使劳动合同无效的；

（六）被依法追究刑事责任的。

《关于劳动人事争议仲裁与诉讼衔接有关问题的意见（一）》

第十九条 用人单位因劳动者违反诚信原则，提供虚假学历证书、个人履历等与订立劳动合同直接相关的基本情况构成欺诈解除劳动合同，劳动者主张解除劳动合同经济补偿或者赔偿金的，劳动人事争议仲裁委员会、人民法院不予支持。

005 劳动者的工作履历与实际情况不符，用人单位可否解除劳动合同？

基本案情

2023年3月，某科技公司在网络上发布了一则招聘高新技术人才的广告。李某在得知此消息后前往该科技公司参加面试，面试通过后公司向李某发放入职聘书，约定试用期3个月，并告知李某入职时需要完成并通过背景调查，李某书面回复同意接受背景调查。入职当日，李某拒绝配合公司进行背景调查，后经过公司调查，李某填写的工作履历与实际情况不符，且在公司要求提供相关证明材料后，李某未提供相应材料。2023年4月15日，公司解除与李某的劳动合同。李某认为某公司无正当理由解除劳动合同系违法行为，要求公司支付违法解除劳动合同的赔偿金。

争议焦点

公司以李某工作履历与实际情况不符为由解除劳动合同是否符合法律规定?

律师解说

依据《中华人民共和国劳动合同法》第八条的规定，用人单位有权了解劳动者与劳动合同直接相关的学历、工作履历等基本情况，劳动者应当如实说明。该法第三十九条进一步规定，劳动者在订立合同过程中存在欺诈行为的，用人单位可以单方解除劳动合同。

本案中，李某作为高新技术人才引进某科技公司，其工作履历直接影响公司对其工作能力的判断，李某填写的工作履历与实际情况不符，且在入职时拒绝配合进行背景调查，也拒绝提供相应的证明材料，该行为明显违反了诚实信用原则。公司有权依据前述法律规定解除与李某的劳动合同，无须向李某支付违法解除劳动合同的赔偿金。

当劳动者的工作履历与实际情况不符时，用人单位可以根据《中华人民共和国劳动法》和《中华人民共和国劳动合同法》的规定，以及劳动合同的约定，解除劳动合同。这种做法是为了保护用人单位的合法权益，防止求职者利用虚假信息进行求职欺诈，维护劳动关系的公平性。同时，用人单位在处理此类问题时，应当严格按照法律规定和公司规章制度操作。

法律规定

《中华人民共和国劳动合同法》

第八条　用人单位招用劳动者时，应当如实告知劳动者工作内容、工作条件、工作地点、职业危害、安全生产状况、劳动报酬，以及劳动者要求了解的其他情况；用人单位有权了解劳动者与劳动合同直接相关的基本情况，劳动者应当如实说明。

第二十六条　下列劳动合同无效或者部分无效：

（一）以欺诈、胁迫的手段或者乘人之危，使对方在违背真实意思的情况下订立或者变更劳动合同的；

（二）用人单位免除自己的法定责任、排除劳动者权利的；

（三）违反法律、行政法规强制性规定的。

对劳动合同的无效或者部分无效有争议的，由劳动争议仲裁机构或者人民法院确认。

第三十九条　劳动者有下列情形之一的，用人单位可以解除劳动合同：

（一）在试用期间被证明不符合录用条件的；

（二）严重违反用人单位的规章制度的；

（三）严重失职，营私舞弊，给用人单位造成重大损害的；

（四）劳动者同时与其他用人单位建立劳动关系，对完成本单位的工作任务造成严重影响，或者经用人单位提出，拒不改正的；

（五）因本法第二十六条第一款第一项规定的情形致使劳动合同无效的；

（六）被依法追究刑事责任的。

006 女员工隐瞒婚姻状况，用人单位能以欺诈为由解雇吗？

基本案情

2023年1月13日，王某（女）到某公司应聘会计人员岗位时，在某公司发给她的《个人信息填报表》上的婚姻状况一栏填写为“未婚”。而后王某顺利通过某公司的面试，并于2023年1月16日正式入职某公司，双方签订的劳动合同期限为3年。

2023年7月1日，某公司发现王某已经于2022年结婚，其在2023年1月应聘入职时已经怀孕，某公司的人力资源部员工找到王某，询问王某婚姻状况。王某辩解称，听说结婚、怀孕的女员工不好找工作，所以找工作的时候不想告诉公司自己已经结婚了。某公司想和王某协议解除劳动关系，王某坚决不同意。

某公司在2023年7月2日向王某发出《解除劳动关系通知书》，理由是王某在订立劳动合同时有欺诈行为。王某不服，认为某公司违法解除劳动合同，要求某公司恢复劳动关系或者向王某支付违法解除劳动合同赔偿金。

争议焦点

王某隐瞒婚姻状况，某公司能以欺诈为由解除劳动关系吗？

律师解说

婚姻状况通常被视为个人隐私，不直接关联劳动合同的履行。婚姻状况不属于与劳动合同直接相关的劳动者必须如实陈述的因素。因此，从一般原则上讲，员工隐瞒婚姻状况并不构成严重违反劳动合同的行为。

关于是否构成欺诈的问题，根据《中华人民共和国民法典》的相关规定，只有劳动者以欺诈、胁迫的手段或者乘人之危，使对方在违背真实意思情况下订立合同，致使合同无效的，用人单位才可以解除劳动合同。在多数情况下，隐瞒婚姻状况并未达到欺诈的程度，因为这通常是出于对就业歧视的担忧，而非故意误导用人单位。

根据《中华人民共和国就业促进法》《中华人民共和国妇女权益保障法》的规定，无论女性是结婚、怀孕还是已经生育，均应当保障其与男子平等的就业权利，用人单位不应对其区别对待。《中华人民共和国劳动合同法》第八条规定，用人单位有权了解劳动者与劳动合同直接相关的基本情况，劳动者应当如实说明，故劳动者的欺诈行为，应当与工作内容及是否胜任相关工作直接相关。

本案中，首先，王某在应聘时明知自己已婚且怀孕却谎称未婚，主观上确有隐瞒婚姻状况的故意，但王某是出于对就业歧视的担忧，而非故意误导用人单位。其次，王某的婚姻状况与其担任的财务工作并不冲突，其在公司实际工作时间半年有余，公司并无证据证明因王某结婚而导致其无法胜任相关工作，故王某隐瞒婚姻状况不构成劳动法意义上的欺诈。最后，公司的真实意思为若知晓王某为结婚状态将选择不予录用，该意思表示明显与法律规定及法律精神相悖，不应予以保护，因此不能认为王某是“以欺诈行为订立劳动合同”。故某公司不得以此为由认定劳动关系无效或者解除劳动关系，否则将违反《中华人民共和国劳动合同法》第四十二条中对孕期女职工特殊保护的规定。某公司应当恢复与王某的工作关系或支付赔偿金。

法律规定

《中华人民共和国劳动合同法》

第八条　用人单位招用劳动者时，应当如实告知劳动者工作内容、工作条件、工作地点、职业危害、安全生产状况、劳动报酬，以及劳动者要求了解的其他情况；用人单位有权了解劳动者与劳动合同直接相关的基本情况，劳动者应当如实说明。

第二十六条第一款　下列劳动合同无效或者部分无效：

（一）以欺诈、胁迫的手段或者乘人之危，使对方在违背真实意思的情况下订立或者变更劳动合同的；

（二）用人单位免除自己的法定责任、排除劳动者权利的；

（三）违反法律、行政法规强制性规定的。

第四十二条　劳动者有下列情形之一的，用人单位不得依照本法第四十条、第四十一条的规定解除劳动合同：

（一）从事接触职业病危害作业的劳动者未进行离岗前职业健康检查，或者疑似职业病病人在诊断或者医学观察期间的；

（二）在本单位患职业病或者因工负伤并被确认丧失或者部分丧失劳动能力的；

（三）患病或者非因工负伤，在规定的医疗期内的；

（四）女职工在孕期、产期、哺乳期的；

（五）在本单位连续工作满十五年，且距法定退休年龄不足五年的；

（六）法律、行政法规规定的其他情形。

《中华人民共和国就业促进法》

第二十七条　国家保障妇女享有与男子平等的劳动权利。

用人单位招用人员，除国家规定的不适合妇女的工种或者岗位外，不得以性别为由拒绝录用妇女或者提高对妇女的录用标准。

用人单位录用女职工，不得在劳动合同中规定限制女职工结婚、生育的内容。

《中华人民共和国妇女权益保障法》

第四十三条　用人单位在招录（聘）过程中，除国家另有规定外，不得实施下列行为：

（一）限定为男性或者规定男性优先；

（二）除个人基本信息外，进一步询问或者调查女性求职者的婚育情况；

（三）将妊娠测试作为入职体检项目；

（四）将限制结婚、生育或者婚姻、生育状况作为录（聘）用条件；

（五）其他以性别为由拒绝录（聘）用妇女或者差别化地提高对妇女录（聘）用标准的行为。

第二节　劳动关系的认定

007 与用人单位谈好入职事宜不久，未签订劳动合同，能认定劳动关系吗？

基本案情

2023 年 6 月 27 日，冉某至某物流公司应聘驾驶员一职，并通过了某物流公司面试。2023 年 6 月 28 日，某物流公司安排冉某跟车训练，跟随某重型货车驾驶员熟悉车况、路线、操作模式。

2023 年 7 月 3 日，某物流公司安排车队运送沙石，由冉某驾驶重型货车。在行驶途中，冉某违反操作规范误触自卸车厢开关，致后车厢碰撞 110 监控设备、交通标志牌及高速公路跨线桥，造成冉某受伤、重型货车损坏及交通标志牌、110 监控设备受损的交通事故。该事故经交通部门认定，冉某负事故全部责任。

受上述交通事故影响，某物流公司不仅未与冉某签订书面劳动合同，且拒绝向冉某发放工资。基于维权考虑，冉某向当地劳动人事争议仲裁委员会申请仲裁，要求确认自 2023 年 6 月 27 日起至申请仲裁之日与某物流公司建立了劳动关系。某物流公司则认为，依行业惯例及公司规定，招聘土方车驾驶员的必经程序包括初试和复试，初试着重审核职业资格及从业经历，复试着重考核职业技能及职业品行，且涉案事故发生之时，冉某处于复试阶段的考核期，双方未签订劳动合同，未建立劳动关系。

争议焦点

冉某与某物流公司是否存在劳动关系？

律师解说

劳动关系是用人单位与劳动者之间依法签订劳动合同，劳动者接受用人单位的管理，从事用人单位安排的工作，成为用人单位的成员，从用人单位领取报酬和接受劳动保护所产生的法律关系。

本案中，冉某不仅自通过面试后次日开始根据某物流公司安排跟车训练，而且于案涉事故发生当日根据该物流公司安排运送沙石，冉某已接受了该物流公司的管理，从事了该物流公司安排的劳动，双方形成了人身隶属关系。书面劳动合同并非判断劳动双方是否形成劳动关系的绝对标准，判断劳动关系是否建立的标准应当是实际“用工”。同时，法律上无试岗期的规定，用人单位与劳动者自用工之日起即建立劳动关系，故双方虽然未以劳动合同的方式对双方之间的关系进行确认，但已形成了事实上的劳动关系。因此，可以认定冉某与某物流公司已经建立了劳动关系。

法律规定

《关于确立劳动关系有关事项的通知》（劳社部发〔2005〕12 号）

第一条 用人单位招用劳动者未订立书面劳动合同，但同时具备下列情形的，劳动关系成立。

（一）用人单位和劳动者符合法律、法规规定的主体资格；

（二）用人单位依法制定的各项劳动规章制度适用于劳动者，劳动者受用人单位的劳动管理，从事用人单位安排的有报酬的劳动；

（三）劳动者提供的劳动是用人单位业务的组成部分。

008 用人单位未与劳动者签订劳动合同，也没有缴纳社会保险费，就不存在劳动关系吗？

基本案情

2023 年 9 月 3 日，李某入职某教育培训公司，在其下一家门店从事讲师工作，每周工作 5 天，每天工作 8 小时。该门店店长马某通过微信群安排李某等员工日常工作，某教育培训公司的法定代表人洪某以及大部分公司员工均在该微信群内，群内的“讲师业绩表”记载了李某的各月业绩，马某每月通过微信转账支付李某的相关劳动报酬。在工作过程中，某教育培训公司未与李某签订任何书面劳动合同，也未帮李某缴纳社会保险费，且存在未能及时足额发放工资的情况。2023 年 12 月 6 日，某教育培训公司被当地市场监督管理局查封，李某未再到公司上班。某教育培训公司仍然拖欠李某自 2023 年 11 月 3 日至 2023 年 12 月 5 日的工资。李某申请劳动仲裁并要求公司支付经济补偿金，某教育培训公司认为双方之间未订立书面劳动合同，不存在劳动关系，仅存在劳务关系，无须支付经济补偿金。

争议焦点

李某与某教育培训公司是否存在劳动关系？

律师解说

劳务关系是指提供劳务一方在一定或不特定的期间内，接受雇主的指挥与安排，为其提供特定或不特定的劳务，雇佣人接受受雇人提供的劳务并按约定给付报酬的权利义务关系。劳务关系的双方之间只存在财产关系，即经济关系，雇主与劳动者之间无从属性，不存在行政隶属关系，没有管理与被管理、支配与被支配的权利义务关系，劳动者提供劳务，雇主支付劳务报酬，各自独立、地位平等。这是劳动关系与劳务关系最基本、最明显的区别。

劳动关系的存在与否不以是否签订劳动合同以及是否缴纳社会保险费作为区分标准，而应根据《中华人民共和国劳动法》《中华人民共和国劳动合同法》《关于确立劳动关系有关事项的通知》等法律法规的规定，结合劳动关系的实质性特征加以判断。

本案中，某教育培训公司具有招用劳动者的主体资格，其门店店长马某通过微信群对公司员工进行工作管理，而洪某是时任某教育培训公司的法定代表人，其对马某工作管理从未提出异议，马某的行为系履行职务，应视为公司的行为。李某与某教育培训公司具备劳动关系主体资格，李某在某教育培训公司门店工作并服从公司的安排、管理，提供的劳动与某教育培训公司的经营范围、经营地点亦吻合，马某等公司管理人员每月通过微信账户转账支付李某相应报酬，符合劳动关系中主体资格合法性、从属性、组织性和有偿性的特征，不属于劳务关系。因此，李某与某教育培训公司之间存在劳动关系。

法律规定

《关于确立劳动关系有关事项的通知》（劳社部发〔2005〕12号）

第一条　用人单位招用劳动者未订立书面劳动合同，但同时具备下列情形的，劳动关系成立。

（一）用人单位和劳动者符合法律、法规规定的主体资格；

（二）用人单位依法制定的各项劳动规章制度适用于劳动者，劳动者受用人单位的劳动管理，从事用人单位安排的有报酬的劳动；

（三）劳动者提供的劳动是用人单位业务的组成部分。

009 用人单位与临时工之间是否属于劳动关系？

基本案情

2019年9月1日，叶某入职某加工公司担任产品外包装工。由于某加工公司声称招聘的是临时劳务工，双方签订《劳务合同》，公司未给叶某缴纳社会保险费。根据公司要求，叶某的上班时间为早上7：30－11：30，下午13：30－17：30，每天要指纹打卡，每周日放假一天，请假需向单位部门主管报批，满勤予以发放满勤奖。每月1日分发考勤表核对，以现金方式发放工资及工资条。2023年10月，某加工公司经营发生严重困难，撤销了产品外包装岗位，并通知叶某不用再去上班，未给叶某任何补偿。

叶某不服，便以某加工公司未与其签订劳动合同、未缴纳社会保险费、违反法定程序解除劳动关系为由向当地劳动人事争议仲裁委员会提起劳动仲裁。

争议焦点

某加工公司与叶某之间属于劳动关系还是劳务关系？

律师解说

用人单位与招用的“临时工”之间构成劳动关系还是劳务关系，并非根据合同名称确定，应当根据劳动关系和劳务关系的性质和特征进行判断，当用人单位声称招聘的“临时工”或签订的名为“劳务合同”的合同已经符合劳动关系的特征，具有长期稳定的身份依附和管理关系时，应认定为劳动关系。用人单位应当按照劳动法的相关规定保障劳动者的权利义务。

本案中，虽然某加工公司声称招聘的是临时劳务工，与叶某签订的是《劳务合同》，但是某加工公司对叶某进行考勤，并根据考勤结果计发满勤奖，且公司要求叶某上班须指纹打卡，请假须经部门主管审批，该种固定模式工作时间已达四年之久，双方已然形成较为固定的身份依附和管理的关系，故某加工公司与叶某之间实质上系劳动关系，而非劳务关系。即便某加工公司经营困难，双方建立劳动关系时所依据的客观情况发生重大变化，某加工公司也应与叶某协商解除劳动关系并支付相应经济补偿，但某加工公司未采取任何举措直接解除了叶某的劳动关系，已经侵害了叶某的合法权益，构成违法解除劳动关系，应当按照《中华人民共和国劳动合同法》第四十八条之规定向叶某支付违法解除劳动合同赔偿金。

另外，依据《中华人民共和国劳动法》第七十二条的规定，用人单位和劳动者必须依法参加社会保险，缴纳社会保险费。根据《中华人民共和国社会保险法》第五十八条第一款的规定，用人单位应当自用工之日起 30 日内为其职工向社会保险经办机构申请办理社会保险登记，未办理社会保险登记的，由社会保险经办机构核定其应当缴纳的社会保险费。缴纳社会保险费是用人单位和劳动者的共同义务，用人单位依法应当为劳动者办理社会保险登记，且不得以任何方式逃避为劳动者缴纳社会保险费的义务。故此，某加工公司应当依法为叶某缴纳劳动关系存续期间的社会保险费。

法律规定

《关于确立劳动关系有关事项的通知》（劳社部发〔2005〕12 号）

……

一、用人单位招用劳动者未订立书面劳动合同，但同时具备下列情形的，劳动关系成立。

（一）用人单位和劳动者符合法律、法规规定的主体资格；

（二）用人单位依法制定的各项劳动规章制度适用于劳动者，劳动者受用人单位的劳动管理，从事用人单位安排的有报酬的劳动；

（三）劳动者提供的劳动是用人单位业务的组成部分。

《中华人民共和国劳动合同法》

第四十八条 用人单位违反本法规定解除或者终止劳动合同，劳动者要求继续履行劳动合同的，用人单位应当继续履行；劳动者不要求继续履行劳动合同或者劳动合同已经不能继续履行的，用人单位应当依照本法第八十七条规定支付赔偿金。

《中华人民共和国劳动法》

第七十二条　社会保险基金按照保险类型确定资金来源，逐步实行社会统筹。用人单位和劳动者必须依法参加社会保险，缴纳社会保险费。

《中华人民共和国社会保险法》

第五十八条　用人单位应当自用工之日起三十日内为其职工向社会保险经办机构申请办理社会保险登记。未办理社会保险登记的，由社会保险经办机构核定其应当缴纳的社会保险费。

自愿参加社会保险的无雇工的个体工商户、未在用人单位参加社会保险的非全日制从业人员以及其他灵活就业人员，应当向社会保险经办机构申请办理社会保险登记。

国家建立全国统一的个人社会保障号码。个人社会保障号码为公民身份号码。

010 签订合作协议是否构成劳动关系？

基本案情

2022 年 4 月，李某与某珠宝公司签订《合作经营协议》，双方约定因某珠宝公司意图拓展公司经营领域，开展珍珠产销，李某与某珠宝公司共同经营珍珠项目，由某珠宝公司出资进行投资，聘用李某作为珍珠经营项目的经理。《合作经营协议》中还约定在珍珠项目启动后，双方会在条件合适的时候共同设立公司，由某珠宝公司和李某共同享有管理股份，在公司设立之前，李某先在某珠宝公司担任项目经理，负责珍珠经营项目的前期工作，按照基本工资加上业绩抽成的方式获得报酬。《合作经营协议》签订之后，李某便投身于该珍珠项目中，负责该项目的日常经营管理，某珠宝公司法定代表人赵某按照每月基本工资 8000 元的标准按月向李某支付上一个月的工资。李某平常请假需要征得赵某的批准，实际出勤的天数与最终实发工资金额相挂钩。2023 年 5 月某珠宝公司通知李某终止合作协议。

李某申请劳动仲裁，认为双方存在劳动关系并要求某珠宝公司支付未签订书面劳动合同的二倍工资差额，某珠宝公司则抗辩认为双方是合作关系而非劳动关系。

争议焦点

李某与某珠宝公司之间是否存在劳动关系？李某是否有权要求某珠宝公司支付未签订书面劳动合同的二倍工资差额？

律师解说

在认定合同性质时，不能简单地依据合同的名称或形式进行判断，而应当根据合同内容所反映的法律关系进行认定，综合考虑合同中使用的词语表述、合同为缔约双方设定的权利义务以及合同的履行方式等因素。本案中，李某和某珠宝公司签订的合同虽然名为《合作经营协议》，但在双方未共同设立新公司负责珍珠经营项目的运营前，李某需要服从某珠宝公司的管理，按公司要求考勤，提供的珍珠项目经营业务属于某珠宝公司的主要经营业务之一，并接受将出勤时间和业绩挂钩的劳动报酬，二者的关系具有劳动关系的特征。且李某和某珠宝公司签订《合作经营协议》中使用的“聘用”“基本工资”“业绩”等用词表明某珠宝公司希望聘用李某为其提供服务，和李某之间的关系不是完全平等的合作经营关系，而是具有一定从属性的劳动关系，协议中约定的利益分配方式是单方的报酬发放，与合作经营中的双方共同参与利益分配不同，因此可以认定双方之间存在劳动关系。

双方签订的《合作经营协议》约定了报酬发放、岗位职责等劳动合同的主要内容，已经具备了劳动合同的特征，虽然缺失了社会保险、劳动保护等条款，但不影响其可以具有书面劳动合同的法律效力，已经约定的条款可以作为确定双方的劳动关系权利义务的依据。因此，双方签订的《合作经营协议》可以视为书面劳动合同，李某无权向某珠宝公司请求支付未签订书面劳动合同的二倍工资差额。

认定当事人之间法律关系属于合作关系还是劳动关系，应当考察双方协议所设立的权利义务内容以及实际履行情况，并从身份关系性质、收益分配方式、协议事项属性三个方面把握和分析二者区别。在身份关系性质方面，合作关系基于平等独立的主体身份建立，任何一方均能自主决定协议事项的运行方式，不受对方内部考核管理制度的制约；劳动关系中劳动者缺乏相应的自主决定权，须接受用人单位工作安排、遵守用人单位劳动纪律，与用人单位之间具有人身从属性。在收益分配方式方面，合作关系双方按照协议约定承担风险、获得收益，权利义务具有风险共担、利益共享等基本特征，是否获利不仅取决于协议履行情况，还与市场环境等因素息息相关；劳动关系中劳动者根据劳动的数量、质量，按照既定标准从用人单位获得劳动报酬，经济上从属于用人单位，同时无须承担用人单位的经营风险。在协议事项属性方面，合作关系双方的履约行为尽管与主营业务具有关联性，但均系独立开展业务经营活动，不影响对方正常的生产组织体系；劳动关系中劳动者并非独立自主地进行生产经营活动，其从事的劳动属于用人单位的主营业务范畴，是用人单位生产组织体系的有机组成部分。

法律规定

《中华人民共和国劳动合同法》

第十条　建立劳动关系，应当订立书面劳动合同。

已建立劳动关系，未同时订立书面劳动合同的，应当自用工之日起一个月内订立书面劳动合同。

用人单位与劳动者在用工前订立劳动合同的，劳动关系自用工之日起建立。

第十七条　劳动合同应当具备以下条款：

（一）用人单位的名称、住所和法定代表人或者主要负责人；

（二）劳动者的姓名、住址和居民身份证或者其他有效身份证件号码；

（三）劳动合同期限；

（四）工作内容和工作地点；

（五）工作时间和休息休假；

（六）劳动报酬；

（七）社会保险；

（八）劳动保护、劳动条件和职业危害防护；

（九）法律、法规规定应当纳入劳动合同的其他事项。

劳动合同除前款规定的必备条款外，用人单位与劳动者可以约定试用期、培训、保守秘密、补充保险和福利待遇等其他事项。

第八十二条　用人单位自用工之日起超过一个月不满一年未与劳动者订立书面劳动合同的，应当向劳动者每月支付二倍的工资。

用人单位违反本法规定不与劳动者订立无固定期限劳动合同的，自应当订立无固定期限劳动合同之日起向劳动者每月支付二倍的工资。

《关于确立劳动关系有关事项的通知》（劳社部发〔2005〕12号）

第一条 用人单位招用劳动者未订立书面劳动合同，但同时具备下列情形的，劳动关系成立。

（一）用人单位和劳动者符合法律、法规规定的主体资格；

（二）用人单位依法制定的各项劳动规章制度适用于劳动者，劳动者受用人单位的劳动管理，从事用人单位安排的有报酬的劳动；

（三）劳动者提供的劳动是用人单位业务的组成部分。

011 签订《技术入股合作协议》能否构成劳动关系？

基本案情

王某于2023年6月入职某信息公司担任研发员。为了激励王某更好地工作，且将其技术方案更好地归属并应用于公司，双方签订了一份《技术入股合作协议》。协议载明：王某以其智力成果与技术方案作为无形资产入股某信息公司，王某遵守公司规章制度，在岗位权限范围内发挥特长、履行职责和行使职权，协议还规定了王某的工资、提成、福利待遇、职务、工作职责和竞业限制等方面的内容。2023年10月，王某以公司未按时支付工资为由提出辞职。此后王某申请劳动仲裁，请求裁决某信息公司支付工资和经济补偿。某信息公司则抗辩认为其与王某之间属于技术合作关系，而非劳动关系，因而不需要向其支付经济补偿。

争议焦点

王某与某信息公司之间签订了《技术入股合作协议》，能否构成劳动关系？

律师解说

对于拥有技术特长的人员参与企业的生产工作时是否与企业构成劳动关系，应当根据《关于确立劳动关系有关事项的通知》第一条的规定予以确定。本案中，王某与某信息公司签订的协议虽然名为技术入股合作协议，但协议约定了双方的权利义务，王某的工资、提成、福利待遇、职务、工作职责、竞业限制等内容，且王某平时接受公司考勤管理，王某提供的劳动系某信息公司业务组成部分之一，双方之间的权利义务关系符合劳动关系特征，双方之间成立劳动关系，因此某信息公司应当支付王某相应的工资和经济补偿。

法律规定

《关于确立劳动关系有关事项的通知》（劳社部发〔2005〕12号）

……

一、用人单位招用劳动者未订立书面劳动合同，但同时具备下列情形的，劳动关系成立。

（一）用人单位和劳动者符合法律、法规规定的主体资格；

（二）用人单位依法制定的各项劳动规章制度适用于劳动者，劳动者受用人单位的劳动管理，从事用人单位安排的有报酬的劳动；

（三）劳动者提供的劳动是用人单位业务的组成部分。

012 与两家公司订立书面劳动合同，是否同时成立劳动关系？

基本案情

徐某为某服饰有限公司财务，2013 年入职，双方签订书面劳动合同，某服饰有限公司每月为其缴纳社保。2021 年开始，因受疫情影响，某服饰有限公司订单急剧减少，经某服饰有限公司批准，徐某可以在公司没有订单时接私活，公司为其保留职位，停薪留职。

2021 年 10 月 10 日，徐某经朋友介绍，到某装饰公司上班从事财务工作，双方签订了劳动合同，每周上班 6 天，并约定月工资 3000 元。2023 年 5 月，徐某上班路上发生交通事故受伤。因某装饰公司与某服饰有限公司均未对徐某的伤情进行工伤申报，徐某便申请劳动仲裁，要求确认徐某与某装饰公司存在劳动关系。

争议焦点

徐某与某装饰公司是否存在劳动关系？

律师解说

双重劳动关系是指劳动者在同一时期与两个或两个以上的用人单位建立劳动关系。劳动法理论规定劳动者只能与一个用人单位建立劳动关系，其他单位不可能为同一劳动者建立多个人事档案和缴纳社会保险费。在我国立法、最高人民法院司法解释及裁判规则中，对于是否存在双重劳动关系持有条件的肯定态度。只有当劳动者按照用人单位的要求提供劳动，接受管理，通过自己的劳动获得报酬时，才符合法律关系的特征，应认定为存在劳动关系。

本案中，徐某与某服饰公司订立书面劳动合同，某服饰公司为其缴纳社保、发放工资，双方已经建立了劳动关系，因某服饰公司经营不善对徐某停薪留工，且同意徐某对外兼职。徐某同时与某装饰公司订立了劳动合同，按照某装饰公司的要求提供了相应的劳动，接受某装饰公司的管理，通过自己的劳动获得了报酬，符合劳动关系的法律特征。徐某虽然已经与某服饰公司存在劳动关系，但所获报酬未达当地最低工资标准，不足以维持基本生活需求，因此该劳动关系不影响他与某装饰公司之间的劳动关系。故此，徐某与某装饰公司存在劳动关系。

按照我国目前的劳动法律法规的规定，原则上劳动者只能与一个用人单位建立劳动关系，然而在特定情况下，如非全日制用工、停薪留职、内退、下岗待岗、企业经营性停产放长假等，以及不定时工作制、业余时间兼职等情形下，司法实践中还是允许劳动者与不同用人单位建立多个劳动关系的。但是，这种双重劳动关系不得影响先前劳动合同的履行。

法律规定

《关于确立劳动关系有关事项的通知》(劳社部发〔2005〕12号)

第一条 用人单位招用劳动者未订立书面劳动合同，但同时具备下列情形的，劳动关系成立。

（一）用人单位和劳动者符合法律、法规规定的主体资格；

（二）用人单位依法制定的各项劳动规章制度适用于劳动者，劳动者受用人单位的劳动管理，从事用人单位安排的有报酬的劳动；

（三）劳动者提供的劳动是用人单位业务的组成部分。

013 企业无用工资质的情况下订立的劳动合同是否有效？

基本案情

2009年5月1日至2022年5月1日，某外贸公司（属外国公司）每年通过其国内某代表处与陈某签订《备忘录》，约定某外贸公司委托陈某在厦门为某外贸公司进行商品出货检查，某外贸公司每月向陈某支付报酬，并视陈某工作评价支付年终奖金。但某外贸公司不具备国内用工资质。

2022年5月底，某外贸公司与陈某解除双方之间的合同关系，陈某随即向法院诉请某外贸公司及其国内某代表处支付未签订书面劳动合同的二倍工资差额及违法解除劳动合同的经济补偿。

争议焦点

某外贸公司无用工资质的情况下与陈某签订的劳动合同是否有效？陈某是否可以主张解除劳动合同的经济补偿？

律师解说

本案中，根据《国务院关于管理外国企业常驻代表机构的暂行规定》第十一条的规定，某外贸公司不具备国内用工资质，也未通过厦门市政府指定的厦门市对外服务部门办理与陈某的聘用合同手续并向厦门市工商局办理工作证手续，双方之间的劳动关系不成立。虽然双方劳动关系不成立，但从双方关于报酬、工作内容等约定情况分析可知，双方建立的是具有劳动关系性质的合同关系。根据《最高人民法院关于审理劳动争议案件适用法律问题的解释（一）》第四十一条的规定，劳动合同被确认为无效，劳动者已付出劳动的，用人单位应当按照劳动合同法第二十八条、第四十六条、第四十七条的规定向劳动者支付劳动报酬和经济补偿。因某外贸公司过错导致双方劳动合同无效，且陈某已经按照约定提供劳动，某外贸公司及其国内代表处应当向陈某支付相应的经济补偿。

法律规定

《中华人民共和国劳动法》

第九十七条　由于用人单位的原因订立的无效合同，对劳动者造成损害的，应当承担赔偿责任。

《最高人民法院关于审理劳动争议案件适用法律问题的解释（一）》

第四十一条　劳动合同被确认为无效，劳动者已付出劳动的，用人单位应当按照劳动合同法第二十八条、第四十六条、第四十七条的规定向劳动者支付劳动报酬和经济补偿。

由于用人单位原因订立无效劳动合同，给劳动者造成损害的，用人单位应当赔偿劳动者因合同无效所造成的经济损失。

《国务院关于管理外国企业常驻代表机构的暂行规定》

第十一条　常驻代表机构租用房屋、聘请工作人员，应当委托当地外事服务单位或者中国政府指定的其他单位办理。

第三节　特殊主体的劳动关系认定

014 劳动者达到法定退休年龄，与用人单位的关系如何认定？

基本案情

林某于1963年10月4日出生，2021年11月1日入职某环卫公司工作。双方签订《退休返聘协议书》，约定林某在某街道从事保洁员工作，期限自2021年11月1日起至2023年10月31日止，试用期1个月。协议书载明，协议适用的乙方人员为退休人员，指已达到国家规定退休年龄的人员，或未达到规定退休年龄但已依法享受养老保险金、退休金的人员。因林某为退休人员，林某同意某环卫公司无须为其办理养老保险、医疗保险、失业保险、工伤保险及生育保险（如果公司愿意为其办理商业保险，可注明）。林某应当遵守某环卫公司依法制定的各项规章制度。某环卫公司为林某投保人身意外险。林某在职期间，某环卫公司每月15日向林某发放劳动报酬，并附言“工资”。2023年8月16日，林某在从事打扫工作的过程中摔下楼梯，导致手部受伤。受伤后，某环卫公司没有向林某支付工资。

2023年9月15日，林某向当地劳动人事争议仲裁委员会申请仲裁，请求确认林某与某环卫公司之间存在事实劳动关系。同日，劳动人事争议仲裁委员会以该仲裁申请不属于劳动争议为由，作出《不予受理仲裁申请决定书》，并告知林某可就该争议事项依法向人民法院提起诉讼。

争议焦点

林某达到法定退休年龄，与某环卫公司的法律关系应如何认定？

律师解说

根据《中华人民共和国劳动合同法实施条例》第二十一条以及《中华人民共和国劳动合同法》第四十四条的规定，劳动者达到法定退休年龄，开始依法享受基本养老保险待遇的，劳动合同终止。《最高人民法院关于审理劳动争议案件适用法律问题的解释（一）》第三十二条第一款规定，用人单位与其招用的已经依法享受养老保险待遇或领取退休金的人员发生用工争议，向人民法院提起诉讼的，人民法院应当按劳务关系处理。当劳动者达到法定退休年龄，开始依法享受基本养老保险待遇或领取退休金后，劳动者已不再具有订立劳动合同的主体资格，已有劳动关系终止，其与用工单位之间的关系应认定为劳务关系。

本案中，林某出生于1963年10月4日，其于2021年11月1日入职某环卫公司工作时已年满55周岁，超过法定退休年龄，不具有签订劳动合同的主体资格。因此，林某与某环卫公司之间不存在劳动关系，双方所形成的关系应为劳务关系。

法律规定

《中华人民共和国劳动合同法实施条例》

第二十一条 劳动者达到法定退休年龄的，劳动合同终止。

《最高人民法院关于审理劳动争议案件适用法律问题的解释（一）》

第三十二条 用人单位与其招用的已经依法享受养老保险待遇或者领取退休金的人员发生用工争议而提起诉讼的，人民法院应当按劳务关系处理。

企业停薪留职人员、未达到法定退休年龄的内退人员、下岗待岗人员以及企业经营性停产放长假人员，因与新的用人单位发生用工争议而提起诉讼的，人民法院应当按劳动关系处理。

《中华人民共和国劳动合同法》

第四十四条 有下列情形之一的，劳动合同终止：

（一）劳动合同期满的；

（二）劳动者开始依法享受基本养老保险待遇的；

（三）劳动者死亡，或者被人民法院宣告死亡或者宣告失踪的；

（四）用人单位被依法宣告破产的；

（五）用人单位被吊销营业执照、责令关闭、撤销或者用人单位决定提前解散的；

（六）法律、行政法规规定的其他情形。

015 外卖骑手与平台之间是否存在劳动关系？

基本案情

2023年1月，邱某与某信息技术公司签订《合作协议》，约定邱某依据某信息技术公司合作平台（“骑手某App”）发布的有偿任务提供送餐服务，邱某应按照骑手某App关于订单配送的流程与标准开展送餐服务。双方约定，邱某每日可以通过某App签到的方式进行打卡，邱某使用骑手某App软件接单，自备配送交通工具，自由安排工作时间，自行决定是否接单。如果每日工作时间满8小时且连续工作28日以上可以获得当月的基本收入1800元，并按照实际完成的外卖配送订单数量结算服务费；若邱某工作时间未满8小时或未连续工作28日，不能获得基本收入1800元，只能按照实际配送订单数量获得服务费；邱某如得到用户好评，某信息技术公司还将发放好评奖励。服务费的发放方式为通过银行转账。邱某此后自行扫码注册骑手某App软件，通过某App完成接单及配送任务，每日认真打卡考勤，基本每月均能获得1800元的基本工资和额外的服务费。邱某于2023年6月与某信息技术公司解约，并提起劳动仲裁，请求确认双方之间存在劳动关系。

争议焦点

邱某与某信息技术公司之间是否存在劳动关系？

律师解说

根据《关于确立劳动关系有关事项的通知》第一条的规定，劳动关系一般应当具有四个特征，即主体资格合法性、从属性、组织性和有偿性。在送餐骑手与外卖平台之间的劳动关系确认纠纷中，一般均符合主体资格合法性、组织性和有偿性的特点，核心的争议在于双方的法律关系是否具有从属性，包括人身从属性和经济从属性。由于平台用工具有灵活性和多样化的特征，不同平台的用工情况以及同一平台中不同类型外卖骑手的用工情况差异较大，认定劳动关系需要考虑用人单位依法制定的各项劳动规章制度是否适用于劳动者，劳动者是否受用人单位的劳动管理，劳动者是否需要承担风险等因素。

本案中，邱某与某信息技术公司之间不宜认定为存在劳动关系。邱某与某信息技术公司签订的协议约定，邱某自行注册骑手某 App 软件，可在骑手某 App 选择上下线时间，选择是否承接订单，不受到某信息技术公司的考勤管理及其他劳动规章制度的约束。尽管某信息技术公司向邱某发放每月基本报酬 1800 元，但某信息技术公司每月向邱某支付 1800 元不是双方合同内容的强制义务，而是邱某符合一定合同条件后所获得的奖励；邱某也没有每月需日工作满 8 个小时且连续 28 日以上的义务，可自行选择是否达成相应条件，双方之间不具备劳动合同法律关系所必需的人身依附性特征。同时，邱某需自备交通工具并承担相应风险，某信息技术公司无须为其提供劳动工作条件，双方之间不存在经济从属性，因此邱某与某信息技术公司之间不宜认定为存在劳动关系。

近年来，平台经济迅速发展，创造了大量就业机会，依托互联网平台就业的网约配送员、网约车驾驶员、货车司机、互联网营销师等新就业形态劳动者数量大幅增加，维护劳动者劳动保障权益面临新情况新问题。为深入贯彻落实党中央、国务院决策部署，支持和规范发展新就业形态，切实维护新就业形态劳动者劳动保障权益，人力资源社会保障部、国家发展改革委、交通运输部、应急部、市场监管总局、国家医保局、最高人民法院、全国总工会共同出台了《关于维护新就业形态劳动者劳动保障权益的指导意见》，明确对于符合确立劳动关系情形的，企业应当依法与劳动者订立劳动合同。不完全符合确立劳动关系情形但企业对劳动者进行劳动管理的，指导企业与劳动者订立书面协议，合理确定企业与劳动者的权利义务。个人依托平台自主开展经营活动、从事自由职业等，按照民事法律调整双方的权利义务。

法律规定

《关于确立劳动关系有关事项的通知》（劳社部发〔2005〕12 号）

第一条　用人单位招用劳动者未订立书面劳动合同，但同时具备下列情形的，劳动关系成立。

（一）用人单位和劳动者符合法律、法规规定的主体资格；

（二）用人单位依法制定的各项劳动规章制度适用于劳动者，劳动者受用人单位的劳动管理，从事用人单位安排的有报酬的劳动；

（三）劳动者提供的劳动是用人单位业务的组成部分。

《关于维护新就业形态劳动者劳动保障权益的指导意见》（人社部发〔2021〕56 号）

第二条 符合确立劳动关系情形的，企业应当依法与劳动者订立劳动合同。不完全符合确立劳动关系情形但企业对劳动者进行劳动管理（以下简称不完全符合确立劳动关系情形）的，指导企业与劳动者订立书面协议，合理确定企业与劳动者的权利义务。个人依托平台自主开展经营活动、从事自由职业等，按照民事法律调整双方的权利义务。

016 快递员与快递公司签订承揽合同，能否构成劳动关系？

基本案情

王某于2021年2月至某快递公司担任快递员。双方签订承揽合同，约定王某负责承担约定区域内某快递公司的取件派件业务，王某需要每天按时到某快递公司领取快递并进行上班考勤，在约定区域内取件派件，某快递公司每月支付王某承揽费5000元，根据王某的考勤情况进行调减。王某取件派件的交通工具由某快递公司提供。2023年3月，王某在派件过程中发生交通事故，住院治疗期间产生了高额医疗费用，要求某快递公司予以支付。某快递公司以双方不存在劳动关系为由要求王某自行承担医疗费。双方协商无果后，王某于2023年5月向当地劳动人事争议仲裁委员会申请仲裁，要求确认双方存在劳动关系。

争议焦点

王某与某快递公司签订承揽合同，能否构成劳动关系？

律师解说

《关于确立劳动关系有关事项的通知》第一条是判断劳动关系的重要法律规定，其中“用人单位依法制定的各项劳动规章制度适用于劳动者，劳动者受用人单位的劳动管理，从事用人单位安排的有报酬的劳动”是将劳动关系区别于承揽关系的核心条件。在承揽关系中，承揽人通常具有一定的工作自主权，且自行提供相应工具，按照承揽工作的成果获得报酬，并自行承担相应风险。

承揽关系与劳动关系是两种不同的法律关系，它们之间的主要区别在于管理与被管理的隶属关系、劳动者的独立性以及报酬支付方式等方面。

本案中，王某虽与某快递公司签订了承揽合同，但王某每天仍需按时到某快递公司领取快递并进行打卡，且使用某快递公司提供的交通工具，说明王某在工作过程中需要服从某快递公司的指挥，在工作时间方面没有自主权，也无须自行承担承揽成本。双方“承揽合同”中约定了派件区域，可以视为某快递公司对王某的工作安排，王某需要服从。并且，某快递公司根据出勤天数按月向王某发放报酬，虽然该报酬名为“承揽费”，但其计算方式区别于通常按照工作成果计算的承揽费用，实质上属于劳动报酬。综上所述，可以认定王某受某快递公司的劳动管理，从事某快递公司安排的有报酬的劳动，双方之间存在从属关系。因此，双方之间存在劳动关系。

在生活中，很多企业通过与劳动者签订《承揽合同》来规避《中华人民共和国劳动法》《中华人民共和国劳动合同法》等劳动方面的法律法规，逃避用工责任，使劳动者与企业之间的关系更为复杂，判断双方之间的关系性质需要综合考虑合同内容、实际履行情况、工资支付方式、工作时间和地点安排等因素。如果劳动者在工作中受到用人单位的管理、监督和约束，具有一定的人身依附性和持续性的劳动提供，更宜认定为劳动关系；反之，如果承揽人可以独立完成工作，没有固定的工作场所和工具，且报酬一次性结算，则可能被认定为承揽关系。在实际案件中，法院会根据案件的具体情况来进行判断。

法律规定

《关于确立劳动关系有关事项的通知》（劳社部发〔2005〕12号）

第一条　用人单位招用劳动者未订立书面劳动合同，但同时具备下列情形的，劳动关系成立。

（一）用人单位和劳动者符合法律、法规规定的主体资格；

（二）用人单位依法制定的各项劳动规章制度适用于劳动者，劳动者受用人单位的劳动管理，从事用人单位安排的有报酬的劳动；

（三）劳动者提供的劳动是用人单位业务的组成部分。

017 外卖员注册个体工商户，与用人单位之间是否存在劳动关系？

基本案情

2023 年 2 月，高某入职某咨询管理公司，公司安排高某到其下属的一个外卖配送站点工作。双方未签订书面劳动合同，某咨询管理公司让高某在入职当月注册成立名为“商业服务工作室”的个体工商户（经营范围包含外卖递送业务），为公司提供外卖配送服务。高某入职后，某咨询管理公司通过站点微信工作群安排高某等外卖员进行定期培训、对外卖员考勤进行打卡，并对外卖员每日接单情况予以公示，高某的工资与其考勤情况相挂钩。高某在 2023 年 5 月的送餐过程中发生交通事故。高某向当地劳动人事争议仲裁委员会申请确认双方之间存在劳动关系。某咨询管理公司则认为高某注册个体工商户，经营范围包含外卖递送业务，高某可以直接在平台内接单，与某咨询管理公司不存在劳动关系。

争议焦点

高某与某咨询管理公司之间是否符合确立劳动关系的情形?

律师解说

依据《关于维护新就业形态劳动者劳动保障权益的指导意见》的规定，认定劳动关系应当坚持事实优先原则。《关于确立劳动关系有关事项的通知》表明劳动关系的核心特征为“劳动管理”，即劳动者与用人单位之间具有人格从属性、经济从属性、组织从属性。在新业态劳动模式中，人格从属性主要体现为企业的工作规则、劳动纪律、奖惩办法等是否适用于劳动者；经济从属性主要体现为企业是否掌握劳动者从业所必需的数据信息等重要生产资料；组织从属性主要体现为劳动者是否被纳入企业的组织体系当中，成为企业生产经营组织的有机部分。

本案中，高某在某咨询管理公司从事外卖配送工作，接受管理咨询公司的考勤管理，体现了明显的人格从属性；某咨询管理公司掌握高某从事外卖配送业务所必需的数据信息，并将其工资标准与考勤挂钩，双方之间具有明显的经济从属性；某咨询管理公司对高某进行定期培训，将其纳入站点的配送组织体系进行管理，双方之间存在较强的组织从属性。综上所述，高某与某咨询管理公司之间符合劳动关系的法律特征，双方事实上存在劳动关系。高某是否注册有个体工商户，与其和某咨询管理公司之间是否存在劳动关系并无必然联系，某咨询管理公司不得通过将劳动者个体工商户化的方式逃避用工责任。

法律规定

《关于维护新就业形态劳动者劳动保障权益的指导意见》（人社部发〔2021〕56号）

第二条 符合确立劳动关系情形的，企业应当依法与劳动者订立劳动合同。不完全符合确立劳动关系情形但企业对劳动者进行劳动管理（以下简称不完全符合确立劳动关系情形）的，指导企业与劳动者订立书面协议，合理确定企业与劳动者的权利义务。个人依托平台自主开展经营活动、从事自由职业等，按照民事法律调整双方的权利义务。

第十八条 各级法院和劳动争议调解仲裁机构要加强劳动争议办案指导，畅通裁审衔接，根据用工事实认定企业和劳动者的关系，依法依规处理新就业形态劳动者劳动保障权益案件。各类调解组织、法律援助机构及其他专业化社会组织要依法为新就业形态劳动者提供更加便捷、优质高效的纠纷调解、法律咨询、法律援助等服务。

《关于确立劳动关系有关事项的通知》（劳社部发〔2005〕12号）

第一条 用人单位招用劳动者未订立书面劳动合同，但同时具备下列情形的，劳动关系成立。

（一）用人单位和劳动者符合法律、法规规定的主体资格；

（二）用人单位依法制定的各项劳动规章制度适用于劳动者，劳动者受用人单位的劳动管理，从事用人单位安排的有报酬的劳动；

（三）劳动者提供的劳动是用人单位业务的组成部分。

018 网络主播与经纪公司之间是否存在劳动关系？

基本案情

2021 年 11 月，王某与某网络文化公司签订了一份为期两年的《艺人经纪合同》，王某在某网络文化公司指定的网络直播平台开展直播活动。双方合同约定：某网络文化公司为王某提供整套直播设备和直播室以及直播账号，负责为王某的全部直播工作及直播之外的商业或非商业公众活动提供协助和技术支持。王某的直播内容和时间均由其自行确定，王某每月获得直播平台后台礼物累计价值达到 5000 元的，可得基本收入 2600 元，超过 5000 元部分由公司和王某进行四六分成，超过 10000 元部分进行三七分成。同时双方还约定，其合同性质不属于劳动合同，某网络文化公司无须为王某提供劳动合同项下的待遇，包括缴纳社会保险费、提供劳动保护等。合同签订后，王某按照某网络文化公司要求入驻某直播平台进行直播活动，每天直播时长、每月直播天数均不固定。

2023 年 3 月，因直播收入较低，王某单方解除《艺人经纪合同》，并以公司未缴纳社会保险费为由要求某网络文化公司向其支付解除劳动合同的经济补偿。某网络文化公司同意解除合同，但以双方之间不存在劳动关系为由拒绝支付经济补偿。

争议焦点

王某与某网络文化公司之间的法律关系是否构成劳动关系？

律师解说

由于直播行业兴起，许多网络主播均和经纪公司建立了合作关系，由经纪公司负责直播的相应运营，以提升直播的质量和影响力，实现双赢。在法律关系的认定上，网络主播与经纪公司在权利义务设置和利益分配上具有多样性和灵活性，既可能构成劳动关系，也可能构成其他合作关系。

对于主播这一新兴行业，一般应结合公司的行业特性，考虑主播与公司之间是否存在合意的劳动关系、公司对主播的管理是否具有人身依附性，分析双方在工作时间、日常管理、收入来源及分配等方面的约定，确定是否存在劳动关系。

本案中，王某与某网络文化公司签订了《艺人经纪合同》，并约定合同性质不属于劳动合同，在一定程度上佐证了双方缺乏订立劳动合同的意愿。同时，《艺人经纪合同》的内容不符合劳动合同的特征。一方面，某经纪公司虽有权协助和安排王某从事直播活动和其他公开活动，但服务于双方增加网络直播经济收益的共同需要，且王某的直播时间及内容由其自主决定，直播时长均不固定，王某具有很强的自主权，不符合劳动管理的特征。另一方面，王某与某网络文化公司的收益按阶梯式比例分配，体现出平等协商的特点，不符合劳动关系的从属性特征。王某与某网络文化公司解除《艺人经纪合同》，应当按照《中华人民共和国民法典》的规定及合同约定处理，王某不能主张解除劳动合同的经济补偿。

网络主播作为一种依托互联网平台从业的新型就业形态，与签约公司之间的合作方式灵活、复杂、多样，只有客观公正确定权利义务，准确厘清法律关系性质，才能依法平等保护双方合法权益。在具体案件中界定法律关系性质，应围绕双方设立的权利义务内容以及实际履行情况，并从身份关系性质、收益分配方式、协议事项属性等方面把握。如果公司与主播所签协议名为合作协议，但协议内容及实际履行符合劳动关系特征，应当认定双方之间存在劳动关系。

法律规定

《关于确立劳动关系有关事项的通知》（劳社部发〔2005〕12号）

第一条　用人单位招用劳动者未订立书面劳动合同，但同时具备下列情形的，劳动关系成立。

（一）用人单位和劳动者符合法律、法规规定的主体资格；

（二）用人单位依法制定的各项劳动规章制度适用于劳动者，劳动者受用人单位的劳动管理，从事用人单位安排的有报酬的劳动；

（三）劳动者提供的劳动是用人单位业务的组成部分。

019 网约家政保洁员与家政公司之间是否存在劳动关系？

基本案情

程某于2022年10月入职某家政公司担任家政保洁员。双方订立了一份《家政服务协议》，协议约定：由某家政公司出资为程某安排保洁业务上岗培训，程某经培训合格后须按照某家政公司安排为客户提供上门保洁服务，合作期限为两年；程某应当遵循公司统一的行为规范，并且在合作期间内不得通过其他平台从事家政服务工作；某家政公司为程某配备工作服以及保洁用具并统一购买意外险。

程某在培训一个月后正式开始工作，每周工作6天，工作期间某家政公司通过家政服务平台统一接受客户订单，并根据客户需求向程某派发订单，工作日无合适订单时程某还需要按照公司安排进行其他工作，某家政公司按月向程某支付报酬，报酬计算标准为基本工资每月1500元，保洁服务费每小时15元，如果程某接到客户差评，某家政公司将在核实情况后酌情扣减部分服务费。2023年10月，程某在保洁工作过程中不慎受伤，要求某家政公司按照工伤保险待遇标准向其支付治疗费用，某家政公司则以双方之间不存在劳动关系为由拒绝支付。双方协商不成，程某向当地劳动人事争议仲裁委员会申请仲裁，请求确认2022年11月至2023年10月与某家政公司存在劳动关系。

争议焦点

程某与某家政公司之间是否构成劳动关系？

律师解说

网约家政保洁员与家政公司之间是否存在劳动关系，需要综合考虑劳动者是否接受家政公司的管理、指挥和监督，是否为家政公司业务的组成部分，以及双方是否提供长期稳定的劳动和支付报酬等多个因素。如果符合上述条件，即使没有书面劳动合同或者签订的是非劳动合同的其他协议，也可能认定存在劳动关系。反之，如果劳动者与家政公司之间是基于平等交易原则的合作关系，且没有明显的人身和经济从属性，则可能不会被认定为劳动关系。

本案中，程某与某家政公司均为建立劳动关系的合法主体。在劳动管理方面，某家政公司要求程某遵守其制定的工作规则，通过平台向程某安排工作，并通过扣减服务费等方式对程某的接单行为、服务质量等进行控制和管理，双方之间存在较强的人格从属性。某家政公司掌握程某从事家政服务工作所必需的用户需求信息，统一为程某配备保洁工具，并以固定薪资结构向程某按月支付报酬，双方之间存在较强的经济从属性。程某以某家政公司名义对外提供家政服务，某家政公司将程某纳入其家政服务组织体系进行管理，并限制程某通过其他平台从事家政服务工作，双方之间存在明显的组织从属性。综上所述，某家政公司对程某存在较强程度的劳动管理，符合订立劳动合同的情形，虽然双方以合作为由订立服务协议，但不影响双方之间事实上存在劳动关系。

法律规定

《关于确立劳动关系有关事项的通知》（劳社部发〔2005〕12 号）

第一条 用人单位招用劳动者未订立书面劳动合同，但同时具备下列情形的，劳动关系成立。

（一）用人单位和劳动者符合法律、法规规定的主体资格；

（二）用人单位依法制定的各项劳动规章制度适用于劳动者，劳动者受用人单位的劳动管理，从事用人单位安排的有报酬的劳动；

（三）劳动者提供的劳动是用人单位业务的组成部分。

第二章

劳动合同

第一节 试 用 期

020 用人单位可以多次约定试用期吗？

基本案情

陈某于2022年6月4日入职某建筑公司担任拓展经理，在任职期间，某建筑公司与陈某先后签订了3份劳动合同，期限分别为2022年6月4日至2022年12月3日、2022年12月4日至2023年6月3日、2023年6月4日至2026年6月3日，并分别约定了1个月、1个月、3个月的试用期，试用期月工资为7500元，转正后月工资为8000元。某建筑公司分别于2023年1月2日、2023年12月3日向陈某发送试用期延长通知书，提出延长试用期3个月。2023年12月28日，某建筑公司以陈某不能胜任岗位为由，向陈某发出试用期辞退通知书。后陈某提起劳动仲裁，要求某建筑公司支付试用期赔偿金。

争议焦点

某建筑公司与陈某多次约定试用期是否符合法律规定？

律师解说

试用期是用人单位与劳动者进行双向选择的期间，用人单位可以对劳动者是否胜任岗位进行考核，劳动者也可以在试用期内考虑自己与用人单位是否匹配，以便形成更为和谐的劳动关系。由于试用期内双方的劳动关系较不稳定，劳动者权利和待遇的保障相对不足，为保护劳动者的利益，防止用人单位利用试用期制度侵犯劳动者权益，《中华人民共和国劳动合同法》第十九条第二款规定，同一用人单位与同一劳动者只能约定一次试用期。对于“只能约定一次试用期”应当理解为，既包括同一劳动合同履行期间只能约定一次试用期，不得延长，也包括同一用人单位与同一劳动者的不同劳动合同不得多次约定试用期。《中华人民共和国劳动合同法》第八十三条规定了用人单位违法约定试用期的法律责任，即用人单位违反该法规定与劳动者约定试用期的，由劳动行政部门责令改正；违法约定的试用期已经履行的，由用人单位以劳动者试用期满月工资为标准，按已经履行的超过法定试用期的期间向劳动者支付赔偿金。

在本案中，陈某于2022年6月入职某建筑公司，持续工作至2023年12月28日，但在用工期间，某建筑公司与陈某先后签订了3份劳动合同，并先后3次约定了试用期，并两次延长了试用期，已严重违反《中华人民共和国劳动合同法》的有关规定，应当按照《中华人民共和国劳动合同法》第八十三条的规定承担法律责任，即应由某建筑公司以转正后的月工资8000元为标准，按超过法定试用期的期间向陈某支付赔偿金。

法律规定

《中华人民共和国劳动合同法》

第十九条　劳动合同期限三个月以上不满一年的，试用期不得超过一个月；劳动合同期限一年以上不满三年的，试用期不得超过二个月；三年以上固定期限和无固定期限的劳动合同，试用期不得超过六个月。

同一用人单位与同一劳动者只能约定一次试用期。

以完成一定工作任务为期限的劳动合同或者劳动合同期限不满三个月的，不得约定试用期。

试用期包含在劳动合同期限内。劳动合同仅约定试用期的，试用期不成立，该期限为劳动合同期限。

第八十三条　用人单位违反本法规定与劳动者约定试用期的，由劳动行政部门责令改正；违法约定的试用期已经履行的，由用人单位以劳动者试用期满月工资为标准，按已经履行的超过法定试用期的期间向劳动者支付赔偿金。

第二节　劳动合同的签订

021 劳动者是否有权拒签用人单位提供的“空白”劳动合同？

基本案情

2022 年 3 月，陈某入职某广告公司，负责广告张贴及安装工作。入职前，陈某与某广告公司口头约定每周工作时间为 5 天，工资每月 3800 元，按月通过银行卡发放。入职后，某广告公司向陈某提供了一份《劳动合同》，要求陈某在合同上签字，劳动合同中工作时间、工作内容以及劳动报酬等条款处均为空白，陈某拒绝签订。2022 年 12 月 1 日，陈某和某广告公司协商解除劳动关系后，陈某申请劳动仲裁，要求某广告公司支付 2022 年 4 月至 11 月未签订书面劳动合同的二倍工资差额。

争议焦点

陈某是否有权拒签某广告公司提供的“空白”劳动合同并要求某广告公司支付未签订书面劳动合同的二倍工资差额？

律师解说

根据《中华人民共和国劳动合同法》第十条和《中华人民共和国劳动合同法实施条例》第六条的规定，与劳动者签订书面劳动合同是用人单位的重要义务，双方均不能拒绝签订书面劳动合同，这是因为书面劳动合同记载了用人单位和劳动者各自的权利义务，是确认劳动关系的重要依据和双方维护各自合法权益的重要法律凭证。同时，根据《中华人民共和国劳动合同法》第十七条的规定，劳动合同应载明工作内容、工作地点、工作时间以及劳动报酬等必备条款，以充分保障劳动者的利益。

本案中，某广告公司所提供的劳动合同中工作时间、工作内容以及劳动报酬等条款处均为空白，缺失了劳动合同的必备条款，不符合法律规定，陈某有权拒绝签订。某广告公司未在陈某合理拒绝签订劳动合同后提供新的合法有效的劳动合同，不足以证明其履行了订立劳动合同的义务，陈某可以请求某广告公司支付未签订书面劳动合同的二倍工资差额。

法律规定

《中华人民共和国劳动合同法》

第十条　建立劳动关系，应当订立书面劳动合同。

已建立劳动关系，未同时订立书面劳动合同的，应当自用工之日起一个月内订立书面劳动合同。

用人单位与劳动者在用工前订立劳动合同的，劳动关系自用工之日起建立。

第十七条 劳动合同应当具备以下条款：

（一）用人单位的名称、住所和法定代表人或者主要负责人；

（二）劳动者的姓名、住址和居民身份证或者其他有效身份证件号码；

（三）劳动合同期限；

（四）工作内容和工作地点；

（五）工作时间和休息休假；

（六）劳动报酬；

（七）社会保险；

（八）劳动保护、劳动条件和职业危害防护；

（九）法律、法规规定应当纳入劳动合同的其他事项。

劳动合同除前款规定的必备条款外，用人单位与劳动者可以约定试用期、培训、保守秘密、补充保险和福利待遇等其他事项。

第八十二条第一款 用人单位自用工之日起超过一个月不满一年未与劳动者订立书面劳动合同的，应当向劳动者每月支付二倍的工资。

《中华人民共和国劳动合同法实施条例》

第六条第一款 用人单位自用工之日起超过一个月不满一年未与劳动者订立书面劳动合同的，应当依照劳动合同法第八十二条的规定向劳动者每月支付两倍的工资，并与劳动者补订书面劳动合同；劳动者不与用人单位订立书面劳动合同的，用人单位应当书面通知劳动者终止劳动关系，并依照劳动合同法第四十七条的规定支付经济补偿。

022 用人单位与劳动者签订排除劳动者合法权益的条款有效吗？

基本案情

2020年8月9日，范某入职某工程检测公司，从事技术类岗位工作，实行标准工时工作制度，合同期限自2020年8月9日起至2023年8月9日止，工资10000元/月。双方同时在劳动合同中约定：在工作中，范某的病、伤、残、亡等公司均不负责。某工程检测公司未给范某缴纳工伤保险费。

2022年9月，范某在某工程检测公司的力学试验室做钢筋弯曲试验时，左手不慎被弯曲机夹伤，当即送往该市医院治疗，经诊断为左拇指末节毁损伤。2022年12月，该市人力资源和社会保障局作出《职工工伤与职业病认证书》，认定范某此次受伤为工伤。2023年1月，该市劳动能力鉴定委员会作出1份伤残八级的鉴定。但因某工程检测公司未为范某缴纳工伤保险费，范某无法享受工伤保险待遇，范某根据以上鉴定报告，向公司请求解除劳动合同，并要求该工程检测公司承担工伤保险责任，支付一次性伤残就业补助金。公司拒绝了范某的要求，认为双方已在劳动合同中约定由范某自行承担相关费用，公司概不负责。

范某不服某工程检测公司的决定，诉至当地劳动人事争议仲裁委员会，请求裁决某工程检测公司承担工伤保险责任并支付一次性伤残就业补助金。

争议焦点

某工程检测公司与范某签订排除范某合法权益的条款，该条款有效吗？

律师解说

就劳动关系双方当事人而言，劳动者应向用人单位提供劳动，用人单位负有保障劳动者享有基本权利的义务。用人单位在与劳动者订立劳动关系时，可以在协议中自行约定劳动关系中的部分权益，但应当公平公正、合理合法。

根据《工伤保险条例》第十条和第六十二条的规定，用人单位应当为职工按时缴纳工伤保险费，未参加工伤保险的用人单位职工发生工伤的，由用人单位按照《工伤保险条例》规定的工伤保险待遇项目和标准支付费用。因此，为劳动者缴纳工伤保险费并在未参加工伤保险时向劳动者支付工伤保险待遇是用人单位的法定义务。根据《中华人民共和国劳动合同法》第二十六条第一款第二项的规定，劳动合同中，用人单位免除自己的法定责任，排除劳动者权利的条款应属于无效条款。

在本案中，虽然工程检测公司与范某约定公司免除对范某病、伤、残、亡的责任，但这实际上是用人单位滥用其管理地位、违反法律强制性规定的行为，免除了用人单位的法定责任，侵害了范某依据《工伤保险条例》合法取得补助金的权利，当属无效约定，对范某不产生拘束力。因此，某工程检测公司应当承担工伤保险责任，支付范某一次性伤残就业补助金。

法律规定

《中华人民共和国劳动合同法》

第二十六条　下列劳动合同无效或者部分无效：

（一）以欺诈、胁迫的手段或者乘人之危，使对方在违背真实意思的情况下订立或者变更劳动合同的；

（二）用人单位免除自己的法定责任、排除劳动者权利的；

（三）违反法律、行政法规强制性规定的。

对劳动合同的无效或者部分无效有争议的，由劳动争议仲裁机构或者人民法院确认。

《工伤保险条例》

第十条　用人单位应当按时缴纳工伤保险费。职工个人不缴纳工伤保险费。

用人单位缴纳工伤保险费的数额为本单位职工工资总额乘以单位缴费费率之积。

对难以按照工资总额缴纳工伤保险费的行业，其缴纳工伤保险费的具体方式，由国务院社会保险行政部门规定。

第六十二条 用人单位依照本条例规定应当参加工伤保险而未参加的，由社会保险行政部门责令限期参加，补缴应当缴纳的工伤保险费，并自欠缴之日起，按日加收万分之五的滞纳金；逾期仍不缴纳的，处欠缴数额 1 倍以上 3 倍以下的罚款。

依照本条例规定应当参加工伤保险而未参加工伤保险的用人单位职工发生工伤的，由该用人单位按照本条例规定的工伤保险待遇项目和标准支付费用。

用人单位参加工伤保险并补缴应当缴纳的工伤保险费、滞纳金后，由工伤保险基金和用人单位依照本条例的规定支付新发生的费用。

023 以押金形式排除劳动者权利的约定条款有效吗?

基本案情

王某于2020年9月入职某科技公司，担任技术员。双方在劳动合同中约定，劳动合同期限为3年，某科技公司在王某的工资中每月扣除数额不等的安全奖金，如王某在离职后3个月内未与公司发生法律纠纷，某科技公司将一次性向王某补发安全奖金，否则将不予发放。2023年9月，劳动合同期满，王某从某科技公司离职，并要求公司补发2020－2023年拖欠的加班费以及先前扣除的安全奖金。某科技公司因双方针对加班费问题存在法律争议，认为王某违反了劳动合同的约定，公司无须向其发放安全奖金。王某不服，申请劳动仲裁。

争议焦点

某科技公司每月扣发安全奖金，承诺王某离职后如与公司无法律纠纷则予以补发，这一规定是否合法?

律师解说

根据《中华人民共和国劳动合同法》第九条的规定，用人单位招用劳动者，不得要求劳动者提供担保或者以其他名义向劳动者收取财物。因此，用人单位既不能在劳动者入职时要求劳动者提供相应担保，也不能在劳动关系存续期间以各种形式收取或扣留劳动者的财物，包括劳动者应得的工资、补贴等。

本案中，某科技公司在向王某发放工资时，扣除了王某根据劳动合同应得的安全奖金，以担保王某不得在离职后产生争议，该行为相当于变相收取劳动者财物以要求劳动者提供担保，违反了法律规定。同时，根据《中华人民共和国劳动合同法》第二十六条和第七十七条规定，劳动者的合法权益受到侵害的，有权通过法律途径寻求救济，用人单位无权通过约定排除劳动者权利，否则该约定无效。本案中，某科技公司通过扣留安全奖金的方式限制王某通过法律解决劳动纠纷的权利，这种约定违反了法律的强制性规定，应属无效。

法律规定

《中华人民共和国劳动合同法》

第九条 用人单位招用劳动者，不得扣押劳动者的居民身份证和其他证件，不得要求劳动者提供担保或者以其他名义向劳动者收取财物。

第二十六条 下列劳动合同无效或者部分无效：

（一）以欺诈、胁迫的手段或者乘人之危，使对方在违背真实意思的情况下订立或者变更劳动合同的；

（二）用人单位免除自己的法定责任、排除劳动者权利的；

（三）违反法律、行政法规强制性规定的。

对劳动合同的无效或者部分无效有争议的，由劳动争议仲裁机构或者人民法院确认。

第七十七条　劳动者合法权益受到侵害的，有权要求有关部门依法处理，或者依法申请仲裁、提起诉讼。

024 用人单位与劳动者连续订立多次固定期限劳动合同后能否单方终止劳动合同？

基本案情

姜某于2018年入职某保洁公司从事保洁工作，双方签订了一份为期一年的劳动合同。合同到期后，双方在2019－2022年又分别以自然年度为期限签订了三份书面劳动合同，在双方签订的最后一份劳动合同于2022年12月31日届满后，某保洁公司以保洁业务将调整为外包形式为由与姜某终止劳动合同。

2023年姜某向当地劳动人事争议仲裁委员会申请劳动仲裁，认为某保洁公司未征求其意见便单方终止劳动合同，存在违法终止劳动合同的情形，要求某保洁公司向其支付违法终止劳动合同的赔偿金48000余元。

争议焦点

某保洁公司与姜某连续订立多次固定期限劳动合同后能否单方终止劳动合同？

律师解说

《中华人民共和国劳动合同法》第十四条规定了用人单位与劳动者应当签订无固定期限劳动合同的几种情形，其中包括“连续订立二次固定期限劳动合同”的情形。本案中姜某在某保洁公司工作期间多次订立固定期限劳动合同，符合签订无固定期限劳动合同的条件。依据该法第十四条第二款第三项的规定，除劳动者提出订立固定期限劳动合同外，用人单位均应与劳动者订立无固定期限劳动合同。因此，姜某在固定期限劳动合同到期后享有选择权，既有权要求某保洁公司与其签订无固定期限劳动合同，也有权接受某保洁公司终止劳动合同的处理意见，但某保洁公司不享有单方终止劳动合同的权利，其无权以保洁业务外包为由单方终止与姜某的合同。依据《中华人民共和国劳动合同法》第四十八条的规定，姜某既可以要求某保洁公司继续履行劳动合同，也可以要求某保洁公司支付赔偿金。在姜某要求某保洁公司支付赔偿金的情况下，某保洁公司应当向姜某支付该项赔偿金。

法律规定

《中华人民共和国劳动合同法》

第十四条　无固定期限劳动合同，是指用人单位与劳动者约定无确定终止时间的劳动合同。

用人单位与劳动者协商一致，可以订立无固定期限劳动合同。有下列情形之一，劳动者提出或者同意续订、订立劳动合同的，除劳动者提出订立固定期限劳动合同外，应当订立无固定期限劳动合同：

（一）劳动者在该用人单位连续工作满十年的；

（二）用人单位初次实行劳动合同制度或者国有企业改制重新订立劳动合同时，劳动者在该用人单位连续工作满十年且距法定退休年龄不足十年的；

（三）连续订立二次固定期限劳动合同，且劳动者没有本法第三十九条和第四十条第一项、第二项规定的情形，续订劳动合同的。

用人单位自用工之日起满一年不与劳动者订立书面劳动合同的，视为用人单位与劳动者已订立无固定期限劳动合同。

第四十八条 用人单位违反本法规定解除或者终止劳动合同，劳动者要求继续履行劳动合同的，用人单位应当继续履行；劳动者不要求继续履行劳动合同或者劳动合同已经不能继续履行的，用人单位应当依照本法第八十七条规定支付赔偿金。

025 集体合同能代替劳动合同吗？

基本案情

2020年4月17日，盘某入职某公司，担任技术工人，工资为8000元/月，双方未签订书面劳动合同。2021年2月，盘某要求某公司给付拖欠工资及未签订书面劳动合同的二倍工资差额。某公司辩称，2020年5月1日，公司以工会和职工代表大会的形式，由公司职工代表与公司签订集体合同，并在所属街道和劳动行政部门进行了集体合同审批和备案。盘某曾就订立集体合同的相关事项提出建议，且也曾在该集体合同上签字。因此，某公司主张该集体合同的效力等同于劳动合同。盘某不服，要求公司支付未签订书面劳动合同的二倍工资差额。

争议焦点

某公司与职工代表签订的集体合同能代替某公司与盘某的劳动合同吗？

律师解说

集体合同是特定当事人之间的协议，与劳动合同是两种不同的合同。集体合同是用人单位与全体企业职工通过平等协商，就劳动报酬、工作时间、休息休假、劳动安全卫生、保险福利等事项订立的合同，旨在保护全体劳动者的合法权益，具有一定的广泛性和整体性，但并不等同于劳动合同。劳动合同则是用人单位与某一劳动者之间建立劳动关系、明确双方权利和义务的协议，其内容比集体合同更为具体和详细。集体合同可以是个人劳动合同的补充，不能替代个人劳动合同。

在本案中，根据《中华人民共和国劳动合同法》第十条和第五十五条的规定可以推出，虽然集体合同与劳动合同在涉及劳动者切身利益的方面存在重合部分，但集体合同的目的是确定整体上的劳动标准，而非确定具体的劳动关系，集体合同无法取代劳动合同。盘某在集体合同上签字的行为仅代表集体合同中的条款可以直接适用于盘某，并不能够排除某公司与盘某签订劳动合同的义务。因此，某公司应当支付盘某未签订书面劳动合同的二倍工资差额。

法律规定

《中华人民共和国劳动合同法》

第十条 建立劳动关系，应当订立书面劳动合同。

已建立劳动关系，未同时订立书面劳动合同的，应当自用工之日起一个月内订立书面劳动合同。

用人单位与劳动者在用工前订立劳动合同的，劳动关系自用工之日起建立。

第五十五条　集体合同中劳动报酬和劳动条件等标准不得低于当地人民政府规定的最低标准；用人单位与劳动者订立的劳动合同中劳动报酬和劳动条件等标准不得低于集体合同规定的标准。

第八十二条　用人单位自用工之日起超过一个月不满一年未与劳动者订立书面劳动合同的，应当向劳动者每月支付二倍的工资。

用人单位违反本法规定不与劳动者订立无固定期限劳动合同的，自应当订立无固定期限劳动合同之日起向劳动者每月支付二倍的工资。

026 劳动者在试用期辞职，用人单位可以不再支付因未订立书面合同而产生的二倍工资差额吗？

基本案情

江某于 2021 年 3 月 22 日进入某公司，从事电工工作。入职时，双方未签订书面劳动合同，口头约定劳动期限为 3 年，试用期 3 个月，若江某有意向继续留用且公司认为其符合员工条件即可转正，正式入职后双方再签订书面劳动合同。2021 年 6 月 15 日，因某公司在微信群里通知降薪，江某离职。其后，江某向劳动人事争议仲裁委员会申请仲裁，请求裁决某公司支付因未签书面劳动合同而产生的二倍工资差额。

争议焦点

江某在试用期辞职，某公司可以不再支付因未订立书面合同而产生的二倍工资差额吗？

律师解说

试用期是指用人单位在劳动合同期限内对劳动者是否合格进行考核，劳动者对用人单位是否符合自己预期也进行考察的期限，是一种双方约定互相考察的期间。根据《中华人民共和国劳动合同法》第十条及第十九条的规定，试用期包含在劳动合同期限内，用人单位从开始用工之日起即与劳动者建立劳动关系，并负有与劳动者订立书面劳动合同的法定义务。若用人单位未在用工之日起 1 个月内与劳动者订立书面劳动合同，则负有《中华人民共和国劳动合同法》第八十二条规定的向劳动者支付二倍工资的义务。

在本案中，江某在某公司从事电工工作，在试用期内按照约定领取工资、受某公司管理、依约遵守某公司的规章制度，从试用期第一天开始，双方劳动关系即成立。某公司作为用人单位，对员工的录用、管理具有相应的管理职能，并依法承担与劳动者签订书面劳动合同的义务。江某依法在试用期内辞职不应成为免除用人单位依法签订书面劳动合同的理由，只要用人单位试用劳动者超过一个月尚未签订书面劳动合同，用人单位即应当支付二倍工资。因此，某公司应向江某支付因未签书面劳动合同而产生的二倍工资差额。

法律规定

《中华人民共和国劳动合同法》

第十条 建立劳动关系，应当订立书面劳动合同。

已建立劳动关系，未同时订立书面劳动合同的，应当自用工之日起一个月内订立书面劳动合同。

用人单位与劳动者在用工前订立劳动合同的，劳动关系自用工之日起建立。

第十九条 劳动合同期限三个月以上不满一年的，试用期不得超过一个月；劳动合同期限一年以上不满三年的，试用期不得超过二个月；三年以上固定期限和无固定期限的劳动合同，试用期不得超过六个月。

同一用人单位与同一劳动者只能约定一次试用期。

以完成一定工作任务为期限的劳动合同或者劳动合同期限不满三个月的，不得约定试用期。

试用期包含在劳动合同期限内。劳动合同仅约定试用期的，试用期不成立，该期限为劳动合同期限。

第八十二条 用人单位自用工之日起超过一个月不满一年未与劳动者订立书面劳动合同的，应当向劳动者每月支付二倍的工资。

用人单位违反本法规定不与劳动者订立无固定期限劳动合同的，自应当订立无固定期限劳动合同之日起向劳动者每月支付二倍的工资。

027 劳动合同期满后，单位未续签书面劳动合同，员工能否主张二倍工资差额？

基本案情

蔡某于2021年7月入职某物业公司从事电工工作。双方签订《用工协议》，约定蔡某岗位是公安分局电工，协议期限为1年。2022年7月，《用工协议》期满后，双方未续签书面劳动合同，蔡某继续在该物业公司上班。2023年3月26日，公司作出通知，将蔡某的职位调整为保安，工资待遇与其他保安一致，双方未就调岗问题达成一致，蔡某离职，并向单位主张从2022年7月起至离职时，因未签订书面劳动合同的二倍工资差额。

争议焦点

劳动合同期满后，某物业公司未续签书面劳动合同，蔡某能否主张二倍工资差额？

律师解说

劳动合同是劳动者与用工单位之间确立劳动关系，明确双方权利和义务的协议。签订书面劳动合同有利于稳定劳动用工关系，加强双方当事人的责任感，避免双方当事人逃避应当履行的劳动合同义务或任意解除劳动关系。在发生劳动争议时，也有利于查清事实，分清是非。

《中华人民共和国劳动合同法》第八十二条的规定旨在督促用人单位尽早与劳动者签订书面劳动合同，保障其合法权益。用人单位违反规定，不与劳动者订立书面劳动合同的情形，既包括自用工之日起满 1 个月未签订劳动合同的情形，也包括劳动合同期满后继续工作而未续签劳动合同的情形。劳动合同期满后，劳动者如果仍在原用人单位工作，且用人单位未表示异议，则视为双方同意继续履行劳动合同，在此情况之下，用人单位仍需与劳动者签订书面劳动合同。本案中，蔡某与某物业的劳动合同在 2022 年 7 月期满，之后，蔡某继续在该物业公司工作而未续签劳动合同，该物业公司应支付二倍工资差额，除非能提供充分证据证明蔡某故意拖延未签署或者存在其他特殊情况。

法律规定

《中华人民共和国劳动合同法》

第八十二条 用人单位自用工之日起超过一个月不满一年未与劳动

者订立书面劳动合同的，应当向劳动者每月支付二倍的工资。

用人单位违反本法规定不与劳动者订立无固定期限劳动合同的，自应当订立无固定期限劳动合同之日起向劳动者每月支付二倍的工资。

028 公司人事主张公司未与其续签劳动合同，能否主张未签订劳动合同的二倍工资差额？

基本案情

许某于2018年2月进入某公司工作，双方签订了期限自2018年2月至2023年2月的《劳动合同》，约定许某从事公司财务管理与行政人事管理工作。

2023年1月，许某在向公司员工发送电子邮件时再次表明其身份："本人是公司的行政人事主管，公司同事若有请假等情况请直接与我联系。"2023年8月，许某向某公司法定代表人魏某发送了主题为"劳动合同文本"的电子邮件中载明："魏总，您好！附件为本公司新修订的劳动合同版本，薪酬增减部分已用红字标出，请查收。"

2023年10月，许某离职，其在工作交接清单中详细写明移交了"公司公章、陆某等5人劳动手册以及2011年以后的全部劳动合同34本"等材料。同时，许某表示公司员工的劳动合同由其保管，新进员工的劳动合同也是根据法定代表人的要求，由其负责代表公司与员工签订，签订劳动合同不需要法定代表人签字，只需要加盖公司公章即可。

2023 年 11 月，许某认为某公司在 2023 年 2 月其合同到期之后，未与其续签书面劳动合同，因此向当地劳动人事争议仲裁委员会主张某公司应当向其赔偿未签订劳动合同的二倍工资差额。

争议焦点

许某作为某公司负责签订劳动合同的人事与行政人员，某公司未与其续签劳动合同，是否需要支付未签订劳动合同的二倍工资差额?

律师解说

《中华人民共和国劳动合同法》第八十二条第一款规定："用人单位自用工之日起超过一个月不满一年未与劳动者订立书面劳动合同的，应当向劳动者每个月支付二倍的工资。"

许某在某公司负责签订劳动合同等相关人事工作，工作具有特殊性，其对《中华人民共和国劳动法》《中华人民共和国劳动合同法》等法律、法规的熟悉程度远远高于一般的员工，也深悉《中华人民共和国劳动合同法》对于用人单位不与劳动者签订劳动合同将对单位课以什么样的不利后果。因此，其应当做好分内工作，及时安排包括其本人在内的所有员工签订或者续签劳动合同。本案中，许某在自己劳动合同到期时未及时安排公司与自己签订书面劳动合同，属于怠于行使其应当履行的本职工作，显然在主观上存在着较大的过错，应自行承担因个人过错产生的不利后果，且许某并未提供证据证明其曾经要求签订劳动合同而某公司拒绝签订。因此，许某无权要求某公司向其支付未签书面劳动合同二倍工资差额的请求。

法律规定

《中华人民共和国劳动合同法》

第八十二条 用人单位自用工之日起超过一个月不满一年未与劳动者订立书面劳动合同的，应当向劳动者每月支付二倍的工资。

用人单位违反本法规定不与劳动者订立无固定期限劳动合同的，自应当订立无固定期限劳动合同之日起向劳动者每月支付二倍的工资。

029 公司未与劳动者签订无固定期限劳动合同，是否需要支付二倍工资差额?

基本案情

2010年3月4日，林某入职某仓储公司，担任仓储管理员。入职之后，双方续签了一次劳动合同，期限至2023年9月3日。合同期限届满，双方一直未续签劳动合同，林某仍然按照公司要求每天上下班打卡进行考勤，某仓储公司也按时足额为其缴交社会保险，按月向其发放工资，对其进行用工管理，双方按照原劳动合同约定的权利义务继续履行。

2024年1月20日，林某以双方未签订劳动合同为由向劳动人事争议仲裁委员会申请劳动仲裁，要求某仓储公司向其支付2023年10月4日至2024年1月20日未签订劳动合同的二倍工资差额。某仓储公司抗辩认为，按照法律规定，双方已经建立了无固定期限的劳动关系，无须再签订劳动合同。

争议焦点

某仓储公司未与林某签订无固定期限劳动合同，是否需要支付二倍工资差额？

律师解说

《中华人民共和国劳动合同法》规定，劳动者在满足第十四条规定的应当订立无固定期限劳动合同的情形下，除劳动者提出订立固定期限劳动合同外，用人单位应当与劳动者签订无固定期限劳动合同，如果用人单位在此条件下未与劳动者签订无固定期限劳动合同，应当向劳动者每月支付二倍的工资。

签订劳动合同是对劳动者和用人单位的双重保障，劳资双方都应该增强法律意识和风险防范意识。本案中，某仓储公司虽然已经及时足额为林某缴纳了社保，也按时发放了工资，但其在林某符合签署无固定期限的劳动合同后继续用工而不签订无固定期限的劳动合同，应当向林某支付未签订书面劳动合同的二倍工资差额。

法律规定

《中华人民共和国劳动合同法》

第十四条　无固定期限劳动合同，是指用人单位与劳动者约定无确定终止时间的劳动合同。

用人单位与劳动者协商一致，可以订立无固定期限劳动合同。有下列情形之一，劳动者提出或者同意续订、订立劳动合同的，除劳动者提出订立固定期限劳动合同外，应当订立无固定期限劳动合同：

（一）劳动者在该用人单位连续工作满十年的；

（二）用人单位初次实行劳动合同制度或者国有企业改制重新订立劳动合同时，劳动者在该用人单位连续工作满十年且距法定退休年龄不足十年的；

（三）连续订立二次固定期限劳动合同，且劳动者没有本法第三十九条和第四十条第一项、第二项规定的情形，续订劳动合同的。

用人单位自用工之日起满一年不与劳动者订立书面劳动合同的，视为用人单位与劳动者已订立无固定期限劳动合同。

第八十二条　用人单位自用工之日起超过一个月不满一年未与劳动者订立书面劳动合同的，应当向劳动者每月支付二倍的工资。

用人单位违反本法规定不与劳动者订立无固定期限劳动合同的，自应当订立无固定期限劳动合同之日起向劳动者每月支付二倍的工资。

第三节　劳动合同的履行与变更

030 用人单位变更名称，影响劳动合同的履行吗？

基本案情

2019 年 10 月 8 日，刘某入职某餐饮公司，从事保安工作，并签订劳动合同。2021 年 7 月，该公司名称变更为某零售公司，公司的投资人和法定代表人等事项也进行了变更，经营范围拓展，但刘某仍在原工作地点担任保安岗位。2023 年 5 月，刘某与某零售公司协商一致，决定解除劳动合同。刘某为保障自身权益，要求某零售公司补缴 2019 年 10 月 8 日至 2020 年 9 月 7 日未给刘某缴纳的社会保险。某零售公司辩称，2019 年 10 月，刘某入职的公司为某餐饮公司，而非某零售公司，主张刘某与某零售公司存在劳动关系的时间为 2021 年 7 月至 2023 年 5 月，某零售公司不承担补缴社会保险的义务。刘某不服，向该市劳动人事争议仲裁委员会申请劳动仲裁，要求确认双方自 2019 年 10 月 8 日至 2020 年 9 月 7 日存在劳动关系，并要求该某零售公司补缴社会保险。

争议焦点

刘某入职的公司从某餐饮公司更名为某零售公司，是否导致劳动合同的变更？

律师解说

在实践中，用人单位常以原单位名称与现单位名称不同为由辩称公司形式上丧失对劳动者承担义务的主体资格，意图逃避其对劳动者应承担的义务。但根据《中华人民共和国劳动合同法》第三十三条的规定，用人单位变更其名称、法定代表人、投资人等，不影响劳动合同的履行。

本案中，某零售公司经某餐饮公司变更而来，但不影响其与劳动者之间权利义务的承担。某零售公司名称的变更不等于主体的变更，虽然更改了名称，但其主体并没有因更改名称而消失。若某零售公司以原单位名称变更为由主张双方自2019年10月8日至2020年9月7日不存在劳动关系，刘某的合法权益将得不到保障，对刘某明显有失公平。因此，某零售公司不得拒绝承担应尽的义务，应承继变更前用人单位的权利义务并积极履行，以维护合理的用工关系。刘某与某零售公司自2019年10月8日至2020年9月7日存在劳动关系，某零售公司应为刘某补缴社会保险。

法律规定

《中华人民共和国劳动合同法》

第三十三条 用人单位变更名称、法定代表人、主要负责人或者投资人等事项，不影响劳动合同的履行。

031 用人单位是否有权单方增加工作任务？

基本案情

张某于2022年9月入职某报社担任投递员，双方劳动合同约定，张某负责从事某区域的报刊投递工作，每天工作6小时，每周工作6天。2023年6月，因张某负责区域的另一名投递员离职，现有投递员仅剩张某1人，某报社在未与张某进行协商的情况下，安排其承担另一投递员的工作任务。张某认为，某报社的工作安排使他需要完成的工作量加倍，每天的工作时间至少需要延长4个小时，因此拒绝了这一工作安排。某报社依据员工奖惩制度，以张某不服从工作安排为由与其解除劳动合同。双方对此发生争议。

争议焦点

某报社未与张某协商一致增加其工作任务，张某是否有权拒绝？

律师解说

依据《中华人民共和国劳动合同法》第三条和第三十五条的规定，劳动合同作为明确用人单位与劳动者权利义务的书面协议，对用人单位和劳动者双方均有法律约束力，未经双方协商一致变更前，双方均应当按照劳动合同的约定履行义务。同时，根据《中华人民共和国劳动合同法》第三十一条的规定，用人单位应当严格执行劳动定额标准，不得强迫或者变相强迫劳动者加班。用人单位虽然具有一定的用工管理权，可以根据经营需要安排劳动者从事的具体劳动内容，但必须合理行使该权利，在未经劳动者同意变更劳动合同的情况下，劳动者的劳动时间和劳动量应当与双方劳动合同约定保持一致，不得随意或不合理地增加劳动者的工作量。本案中，某报社要求张某承担另一投递员的工作，导致张某的工作时间将提高约 4 小时，工作量翻倍，超出合理限度。某报社单方大幅增加张某的工作任务，已违反双方劳动合同的约定，且未与张某协商一致，属于变相强迫劳动者加班。因此，张某有权拒绝某报社变更工作内容的安排。某报社以张某不服从工作安排为由与其解除劳动合同不符合法律规定，构成违法解除劳动合同。

法律规定

《中华人民共和国劳动合同法》

第三条 订立劳动合同，应当遵循合法、公平、平等自愿、协商一致、诚实信用的原则。

依法订立的劳动合同具有约束力，用人单位与劳动者应当履行劳动合同约定的义务。

第三十一条　用人单位应当严格执行劳动定额标准，不得强迫或者变相强迫劳动者加班。用人单位安排加班的，应当按照国家有关规定向劳动者支付加班费。

第三十五条　用人单位与劳动者协商一致，可以变更劳动合同约定的内容。变更劳动合同，应当采用书面形式。

变更后的劳动合同文本由用人单位和劳动者各执一份。

032 用人单位与劳动者口头变更劳动合同，是否有效？

基本案情

2010 年 4 月 28 日，高某入职某物流公司，担任配送员，负责派送该市都市报。2020 年 4 月，双方签订无固定期限的劳动合同，约定：某物流公司可以根据工作需要，与高某协商后，调整高某的工作岗位；高某 1 个月内总旷工天数达 5 天的，视为高某严重违反工作纪律，某物流公司可以随时单方面解除劳动合同。

2021 年 5 月，某物流公司下发《通知》，规定：从 2021 年 6 月 1 日起，原由某物流公司配送的都市报交由邮局配送；继续留岗的员工将前往其他站点继续配送公司各类业务产品，主要有桶装水、快消品、自营及其他渠道的实物产品，相关待遇保持不变，后续公司将启动产品种类调整后的配送培训。

在调动劳动岗位的 3 个月后，高某于 2021 年 9 月起拒绝进行工作，声称双方就调岗未达成一致意见，某物流公司仅以通知的形式告知，对新岗位未予以解释说明。某物流公司称，高某在通知下达后至 9 月已到其他站点工作，并接受某物流公司的考勤，应视为双方对于变更劳动合同达成一致。因高某于2021年9月后均未正常考勤，连续旷工超过5天，某物流公司依据双方之间劳动合同的约定，征询工会委员会同意后，解除了与高某的劳动关系。双方就此产生争议，诉至当地劳动人事争议仲裁委员会。

争议焦点

某物流公司未与高某书面变更劳动合同，是否有效？

律师解说

本案中，某物流公司虽未与高某采用书面形式变更劳动合同，但高某已至新的工作岗位工作至2021年9月，实际履行了口头变更后的劳动合同3个月，且变更后的劳动合同并不违反法律、行政法规及公序良俗。根据《中华人民共和国劳动合同法》第三十五条以及《最高人民法院关于审理劳动争议案件适用法律问题的解释（一）》第四十三条的规定，可以认定双方就新的工作内容及工作地点达成一致意见，故工作内容及工作地点的变更对高某产生法律效力，高某应当服从用人单位的工作纪律至新岗位工作。因高某旷工事实存在，且无正当理由，某物流公司经工会委员会同意后，可以依据双方之间劳动合同的约定，以高某未正常工作为由解除与高某的劳动关系，并且无须向高某支付违法解除劳动合同的赔偿金。

法律规定

《中华人民共和国劳动合同法》

第三十五条 用人单位与劳动者协商一致，可以变更劳动合同约定的内容。变更劳动合同，应当采用书面形式。

变更后的劳动合同文本由用人单位和劳动者各执一份。

《最高人民法院关于审理劳动争议案件适用法律问题的解释（一）》

第四十三条 用人单位与劳动者协商一致变更劳动合同，虽未采用书面形式，但已经实际履行了口头变更的劳动合同超过一个月，变更后的劳动合同内容不违反法律、行政法规且不违背公序良俗，当事人以未采用书面形式为由主张劳动合同变更无效的，人民法院不予支持。

033 用人单位降薪是否应与劳动者协商一致？

基本案情

刘某于2020年3月8日到某通信公司工作，双方签订了一份为期两年的劳动合同。合同期满后，甲公司以关联企业乙公司的名义与刘某续签1份《劳动合同》，刘某的工作岗位为区域销售经理，合同期限自2022年3月8日起至2023年3月7日止。2022年上半年，某通信公司每月向刘某支付工资，工资构成为基本工资、岗位工资、周末工资、平时加班费、满勤奖、话费补贴、奖励。在刘某满勤的工作月份，某通信公司均按照基本工资1500元/月、岗位工资3450元/月、周末工资550元/月、平时加班费250元、满勤奖250元/月、话费补贴150元/月的标准向刘某支付应发工资。

2022年7月30日，某通信公司发出《通告》，主要内容如下：根据公司的发展需要，经公司研究决定，对销售部作出如下几点变动：全体销售人员薪资结构调整为基本工资2000元/月；全体销售人员薪资发放：每月25日；销售提成计算办法：不存在基本任务，所有业务量均按 3% 抽成，例：当月业务量 8 万，提成为 80000 × 3% ＝2400 元；全体销售人员电话费补助取消；本方案从 8 月 1 日起执行。

2022 年 8 月，刘某为某通信公司满勤提供劳动。某通信公司支付刘某 2022 年 8 月应发工资 2755. 52 元，其中，基本工资 2000 元，销售提成 755. 52 元。刘某因对降薪不满，以公司违法降薪为由申请劳动仲裁。

争议焦点

某通信公司是否享有根据生产经营需要对刘某在内的员工进行调薪的自主权？

律师解说

用人单位可以根据生产经营特点和经济效益行使工资分配自主权，但工资分配直接涉及劳动者切身利益，用人单位的“自主”不是指其可以单方决定，而是应当经职工代表大会或者全体职工讨论，与工会或者职工代表平等协商确定。本案中，某通信公司以《通告》形式单方决定降低全体销售员工工资，该调整薪资方案直接涉及劳动者的切身利益，应与劳动者平等协商确定，某通信公司的行为不符合《中华人民共和国劳动合同法》第四条的规定。此外，劳动报酬是劳动合同的必备条款，某通信公司对刘某进行降薪的行为也属于对原劳动合同约定内容作出变更，依据《中华人民共和国劳动合同法》第三十五条的规定，某通信公司关于劳动报酬的变更应与刘某协商确认，某通信公司单方降薪的行为也同时违反了这一法律规定。

法律规定

《中华人民共和国劳动合同法》

第四条　用人单位应当依法建立和完善劳动规章制度，保障劳动者享有劳动权利、履行劳动义务。

用人单位在制定、修改或者决定有关劳动报酬、工作时间、休息休假、劳动安全卫生、保险福利、职工培训、劳动纪律以及劳动定额管理等直接涉及劳动者切身利益的规章制度或者重大事项时，应当经职工代表大会或者全体职工讨论，提出方案和意见，与工会或者职工代表平等协商确定。

在规章制度和重大事项决定实施过程中，工会或者职工认为不适当的，有权向用人单位提出，通过协商予以修改完善。

用人单位应当将直接涉及劳动者切身利益的规章制度和重大事项决定公示，或者告知劳动者。

第三十五条　用人单位与劳动者协商一致，可以变更劳动合同约定的内容。变更劳动合同，应当采用书面形式。

变更后的劳动合同文本由用人单位和劳动者各执一份。

034 用人单位调整工作地点需要与劳动者协商一致吗？

基本案情

2023年1月，某科技公司与孙某签订了1份无固定期限劳动合同，约定工作地点为厦门。2023年，孙某实际工作区域为福建市场的厦门、漳州、泉州地区。2024年3月1日，某科技公司通知孙某其工作区域调整为福建市场的福州、福清地区。孙某于同日回复，因家庭原因不接受新的安排，并请求留在原有的区域工作。同年3月与4月，因孙某拒绝前往新工作区域报到，某科技公司对孙某先后两次作出书面警告并下达违纪警告通知书。

2024年4月，某科技公司以孙某1年内累计两次收到书面警告，且在此情形下仍拒绝执行上级的合理指示、未能完成规定工作为由解除了劳动合同，并将解除理由通知工会。孙某不服，向当地劳动争议仲裁委员会申请仲裁，要求某科技公司支付违法解除劳动合同的赔偿金。

争议焦点

某科技公司单方调整孙某的工作地点是否符合法律规定?

律师解说

依据《中华人民共和国劳动合同法》第三十五条的规定，用人单位对劳动合同约定内容的调整，须遵循协商一致的原则。劳动者工作地点属于劳动合同中的重大事项，用人单位对工作地点的调整对劳动者产生实质性影响时，应与劳动者协商并征得其同意。在协商不一致的情况下，用人单位原则上不能擅自变更劳动合同内容。如因客观情况发生重大变化致使原合同无法履行，需要给劳动者调整工作地点的，应当充分保障劳动者的权益且具备合理性、必要性。用人单位对此应承担举证责任，在未提供相应证据的情况下，用人单位无权擅自调整劳动者工作地点。本案中，某科技公司在未能证明客观情况发生重大变化的前提下，未与孙某就调整工作地点达成一致便自行调整工作地点，某科技公司以工作地点变更后孙某未能按规定进行工作为由解除劳动合同系违法解除，应按照《中华人民共和国劳动合同法》第八十七条的规定，以经济补偿标准的二倍向孙某支付赔偿金。

法律规定

《中华人民共和国劳动合同法》

第三十五条 用人单位与劳动者协商一致，可以变更劳动合同约定的内容。变更劳动合同，应当采用书面形式。

变更后的劳动合同文本由用人单位和劳动者各执一份。

第四十八条 用人单位违反本法规定解除或者终止劳动合同，劳动者要求继续履行劳动合同的，用人单位应当继续履行；劳动者不要求继续履行劳动合同或者劳动合同已经不能继续履行的，用人单位应当依照本法第八十七条规定支付赔偿金。

第八十七条 用人单位违反本法规定解除或者终止劳动合同的，应当依照本法第四十七条规定的经济补偿标准的二倍向劳动者支付赔偿金。

035 《员工手册》和《劳动合同》规定不一致，以哪份为准？

基本案情

2022年5月10日，赵某入职某技术公司担任工程师，双方签订书面《劳动合同》。《劳动合同》中约定：赵某每年的年终奖为6万元，具体金额按照当年度实际工作天数直接折算，并于当年12月发放。2022年12月31日，某技术公司向赵某发放了当年的年终奖。

2023年1月1日，某技术公司依照法定程序拟定《员工手册》，并在手册中规定："即日起，年终奖需经过考核并由上级批准后发放，具体金额依照考核等级判断。"赵某阅后并签收。

2023年12月19日，某技术公司称赵某的考核未通过，年终奖未得到上级批准，根据《员工手册》中的规定，不向其发放2023年度的年终奖。但赵某认为这不符合之前《劳动合同》中约定的"年终奖金额按照实际工作天数直接折算"。双方对此发生争议。

争议焦点

当《劳动合同》与《员工手册》规定不一致时，应该以哪份为依据？

律师解说

劳动合同是劳动者与用工单位之间确立劳动关系，明确双方权利和义务的协议，双方应当遵守劳动合同中的约定。员工手册是用工单位依照法定程序制定的制度规范，在得到劳动者确认并签收后，则该手册中的各项条款即发生效力，可视为劳动合同的一部分，双方亦需要遵守。

根据《最高人民法院关于审理劳动争议案件适用法律问题的解释(一)》第五十条的规定，如果用人单位的内部规章制度与劳动合同的内容不一致，劳动者有权请求优先适用劳动合同约定。本案中，赵某在入职时签署了《劳动合同》，又在入职一段时间后签收了《员工手册》，两份文件对年终奖发放的规定不一致。赵某可以依法要求某技术公司依据《劳动合同》的约定发放年终奖。

在司法实践中，法院处理劳动争议时会重视书面劳动合同的签订情况，通常不会将《员工手册》视为劳动合同，《员工手册》只是企业指导员工的准则和制度规范。如果没有签订书面劳动合同或者存在劳动合同未尽事宜时，才适用《员工手册》或规章制度相关规定。这样做是为了确保劳动者能够获得相对稳定的法律保障，并防止用人单位通过内部规章制度对劳动者权益造成不利影响。

法律规定

《中华人民共和国劳动合同法》

第三十五条　用人单位与劳动者协商一致，可以变更劳动合同约定的内容。变更劳动合同，应当采用书面形式。

变更后的劳动合同文本由用人单位和劳动者各执一份。

《最高人民法院关于审理劳动争议案件适用法律问题的解释（一）》

第五十条　用人单位根据劳动合同法第四条规定，通过民主程序制定的规章制度，不违反国家法律、行政法规及政策规定，并已向劳动者公示的，可以作为确定双方权利义务的依据。

用人单位制定的内部规章制度与集体合同或者劳动合同约定的内容不一致，劳动者请求优先适用合同约定的，人民法院应予支持。

036 用人单位有权给劳动者调岗吗？

基本案情

童某在厦门市某餐饮公司思明分店担任厨师，双方劳动合同约定某餐饮公司可根据业务发展需要、劳动者的工作能力与绩效考核结果，对童某的工作岗位和工作地点进行调整。劳动合同履行过程中，某餐饮公司分别通过微信通知、发送《调岗通知书》和《催促到岗通知书》等方式通知童某去集美区的另一门店上班，并书面承诺调整后岗位薪酬不变。童某以路途太远为由未予同意，并连续多日未到岗上班。某餐饮公司经该公司工会同意，以童某旷工为由解除劳动关系。童某认为某餐饮公司属于违法解除，申请劳动仲裁，请求某餐饮公司支付违法解除劳动合同赔偿金。

争议焦点

某餐饮公司对童某进行调岗是否符合法律规定？

律师解说

根据《中华人民共和国就业促进法》第八条的规定，用人单位在不违反法律规定和双方约定的情况下，享有用工自主权，有权根据自身生产经营需要对劳动者的工作岗位、工作地点进行适当调整。调岗是否合法合理一般考虑以下因素：（1）是否违反劳动合同的约定；（2）是否基于用人单位生产经营的需要；（3）是否对劳动者具有歧视性和侮辱性；（4）是否对劳动报酬及其他劳动条件产生较大影响和改变。本案中，双方于劳动合同中约定可根据业务发展需要等情况调整童某的工作岗位，某餐饮公司调岗系基于生产经营需要作出的，对童某个人不具有侮辱性和惩罚性。该公司通知童某在厦门市范围内调岗、调店，并书面承诺调整后岗位薪酬不变，此行为并未违反双方劳动合同约定，童某应当依约接受安排。童某拒绝调岗，既未到新店报到，亦未到原门店上班，而是无故连续旷工，因此某餐饮公司作出解除双方劳动关系的决定并不违法，无须向童某支付赔偿金。

法律规定

《中华人民共和国就业促进法》

第八条　用人单位依法享有自主用人的权利。

用人单位应当依照本法以及其他法律、法规的规定，保障劳动者的合法权益。

《中华人民共和国劳动合同法》

第三十五条 用人单位与劳动者协商一致，可以变更劳动合同约定的内容。变更劳动合同，应当采用书面形式。

变更后的劳动合同文本由用人单位和劳动者各执一份。

037 单位调岗需要员工同意吗？

基本案情

许某于2022年8月入职某酒店，负责财务岗位工作，且双方劳动合同中约定“合同期内，单位因生产工作需要确须调整员工工种的，须经双方协商”。2023年1月4日，酒店在未与许某协商的情况下直接将许某调至餐饮部负责服务员工作。许某于2023年1月21日向酒店提出异议，异议未果后拒绝继续上班，并于2023年3月至厦门市劳动人事争议仲裁委员会申请劳动仲裁，以酒店未提供劳动条件为由与酒店解除劳动合同，并要求酒店支付解除劳动合同经济补偿。酒店则辩称其因生产经营需要调整许某工作岗位，且许某已至餐饮部提供劳动，应当视为双方已经就变更工作岗位达成一致意见，故无须支付经济补偿。

争议焦点

某酒店是否可以单方面作出调动许某岗位的决定？

律师解说

根据劳动相关法律法规规定可知，用人单位有权调动员工岗位的主要情形有：(1) 用人单位与劳动者协商一致；(2) 劳动者患病或者非因工负伤，在规定的医疗期满后不能从事原工作；(3) 劳动者不能胜任工作；(4) 劳动合同订立时所依据的客观情况发生重大变化，致使劳动者的工作岗位不存在，经与劳动者协商，就变更工作岗位达成一致；(5) 女职工在孕期不能适应原劳动。但任何情形下，用人单位调动员工岗位均应确保符合《中华人民共和国劳动法》《中华人民共和国劳动合同法》的规定，保障劳动者的合法权益。

本案中，不管根据《中华人民共和国劳动合同法》规定，抑或根据某酒店与许某签订的《劳动合同》约定，某酒店对许某进行调岗均需双方协商一致，但某酒店对许某进行调岗不仅未协商一致，且在没有合理理由的情况下，将徐某从财务岗位调至服务员，调岗前后的工作岗位、工作内容具有明显差别，某酒店的调岗行为缺少公平性与合理性。另外，许某在某酒店调岗后及时提出了异议，并未超过 1 个月，故某酒店以许某实际至变更后的工作岗位提供劳动为由主张调岗行为合法，缺乏事实和法律依据。综上，许某以某酒店未按照劳动合同约定提供劳动条件主张解除劳动合同并要求某酒店支付经济补偿具有事实与法律依据。

法律规定

《中华人民共和国劳动合同法》

第三十五条　用人单位与劳动者协商一致，可以变更劳动合同约定的内容。变更劳动合同，应当采用书面形式。

变更后的劳动合同文本由用人单位和劳动者各执一份。

第三十八条　用人单位有下列情形之一的，劳动者可以解除劳动合同：

（一）未按照劳动合同约定提供劳动保护或者劳动条件的；

（二）未及时足额支付劳动报酬的；

（三）未依法为劳动者缴纳社会保险费的；

（四）用人单位的规章制度违反法律、法规的规定，损害劳动者权益的；

（五）因本法第二十六条第一款规定的情形致使劳动合同无效的；

（六）法律、行政法规规定劳动者可以解除劳动合同的其他情形。

用人单位以暴力、威胁或者非法限制人身自由的手段强迫劳动者劳动的，或者用人单位违章指挥、强令冒险作业危及劳动者人身安全的，劳动者可以立即解除劳动合同，不需事先告知用人单位。

第四十六条　有下列情形之一的，用人单位应当向劳动者支付经济补偿：

（一）劳动者依照本法第三十八条规定解除劳动合同的；

（二）用人单位依照本法第三十六条规定向劳动者提出解除劳动合同并与劳动者协商一致解除劳动合同的；

（三）用人单位依照本法第四十条规定解除劳动合同的；

（四）用人单位依照本法第四十一条第一款规定解除劳动合同的；

（五）除用人单位维持或者提高劳动合同约定条件续订劳动合同，劳动者不同意续订的情形外，依照本法第四十四条第一项规定终止固定期限劳动合同的；

（六）依照本法第四十四条第四项、第五项规定终止劳动合同的；

（七）法律、行政法规规定的其他情形。

《最高人民法院关于审理劳动争议案件适用法律问题的解释（一）》

第四十三条 用人单位与劳动者协商一致变更劳动合同，虽未采用书面形式，但已经实际履行了口头变更的劳动合同超过一个月，变更后的劳动合同内容不违反法律、行政法规且不违背公序良俗，当事人以未采用书面形式为由主张劳动合同变更无效的，人民法院不予支持。

038 换部门但不改变工种的调岗合法吗？

基本案情

傅某于2022年1月进入某公司工作，与某公司签订《劳动合同》。《劳动合同》约定：根据公司工作需要，傅某同意在公司安排的工作地点厦门从事操作员岗位（工种）的工作，在合同期内，公司因生产需要确需调整傅某工种的，须经双方协商；傅某严重违反公司规章制度的，公司可以随时解除劳动合同；傅某确认在签署本合同之前，已仔细阅读过本合同和公司的管理规章制度，清楚了解及愿意遵守公司的各项规章制度。

某公司已经通过民主程序制定的《员工管理手册》规定：公司有权根据经营实际需要调动员工工作（工作岗位、职务、部门之间调动、派遣、派驻等）；经协商，公司一经做出工作变动的最终决定，员工应当服从；调动的员工必须在规定的时间内到新岗位报到，如未在时间内到新岗位报到，视为旷工；员工连续旷工3天以上（含3天），公司可予以解除劳动合同并不支付经济补偿或赔偿金。

2023 年 12 月 18 日，某公司与傅某协商沟通调整傅某的工作部门事宜，双方协商未果。2023 年 12 月 19 日，某公司向傅某发出《员工调任通知书》。其中，《员工调任通知书》载明：“因公司生产经营需要，将你从样品部调任至生产部门，岗位继续从事操作员，薪资保持不变。请于 2024 年 1 月 2 日到生产部门报到。若未按时报到，将按旷工处理。”傅某签收当日向某公司递交了《申诉书》，明确表明不同意调部门，并以无法胜任为由要求某公司妥善处理。某公司收悉后向傅某发出《回复函》，要求傅某先服从公司正常调动安排，且公司会根据具体情况判断其是否胜任进而做出相应调整。然傅某收悉该函后并未到生产部门报到。

2024 年 1 月 8 日，征得某公司工会同意后，某公司发出《旷工通告》，载明因傅某连续 3 天未到岗，某公司根据《员工管理手册》的规定与傅某解除劳动合同，要求傅某于 2024 年 1 月 12 日前到公司办理辞职手续。双方发生争议。

争议焦点

某公司是否有权将傅某从样品部调整到生产部？傅某未依照公司要求到生产部门报到是否构成旷工？

律师解说

首先，本案中某公司《员工管理手册》不仅通过民主程序制定，且已告知傅某，傅某愿意遵守公司的各项规章制度，故《员工管理手册》可以作为确认某公司与傅某权利义务的依据。

其次，《劳动合同》约定傅某从事操作员岗位（工种）的工作。在合同期内，公司因生产需要确需调整傅某工种的，须经双方协商。该约定说明双方仅约定了操作员这一工种岗位而并未具体约定特定部门。某公司将傅某从样品部调整到生产部，尽管两个部门在工作内容上有所侧重和差别，但傅某在该两个部门均从事操作员的工种，该调整并未从实质上改变傅某的工作性质，也没有降低傅某的劳动报酬，且某公司也就此和傅某进行了多次沟通。在此情形下，傅某拒不服从单位的调岗安排缺乏充分理由。

最后，《员工管理手册》规定某公司有权根据经营需要等原因调动员工工作岗位或者部门，员工需服从安排。某公司因生产经营需要，将傅某从样品部调任至生产部，并未违反法律规定和《劳动合同》约定。傅某未按时到生产部报到，应视为旷工。傅某连续旷工 3 天以上，某公司可依据《员工管理手册》单方解除劳动合同。因此某公司解除与傅某的劳动合同，属于合法解除。

法律规定

《最高人民法院关于审理劳动争议案件适用法律问题的解释（一）》

第五十条　用人单位根据劳动合同法第四条规定，通过民主程序制定的规章制度，不违反国家法律、行政法规及政策规定，并已向劳动者公示的，可以作为确定双方权利义务的依据。

用人单位制定的内部规章制度与集体合同或者劳动合同约定的内容不一致，劳动者请求优先适用合同约定的，人民法院应予支持。

《中华人民共和国劳动合同法》

第三十五条 用人单位与劳动者协商一致，可以变更劳动合同约定的内容。变更劳动合同，应当采用书面形式。

变更后的劳动合同文本由用人单位和劳动者各执一份。

039 企业搬迁，通勤时间变长，劳动者能否拒绝提供劳动？

基本案情

2020 年 9 月，吴某入职某公司从事生产工作，双方签订劳动合同约定工作地点在某市，并约定涉及劳动者切身利益的条款内容或重大事项变更时，应协商一致。2020 年 12 月，某公司召开职工代表大会，审议修订《员工手册》，其中规定员工连续旷工 3 个工作日，或连续 12 个月内累计旷工 5 个工作日，给予解除劳动合同处分。吴某签收了《员工手册》。

2023 年 3 月，某公司因政府政策规划而决定将公司从某市甲区整体搬迁至某市乙区，包括吴某在内的员工得知后，以距离太远为由拒绝到新厂址上班。在随后某公司组织人员拆除生产线时，包括吴某在内的员工大面积停工，自此每日到原厂址打卡后，不再提供劳动。

2023 年 4 月 11 日，某公司发布《关于厂区搬迁的通知》，声明自 2023 年 5 月 1 日起，厂区将从甲区整体搬迁至距离约 4.5 千米的乙区，全程骑行约 20 分钟，均在地铁 1 号线沿线，有多路公交可乘，生产车间提供中央空调，食宿更加便利。某公司将安排车辆携全员前往新厂区参观，给予每人 500 元搬迁奖励，交通补贴在每月 100 元基础上增加 50 元，要求员工通过合理渠道沟通，必须于 2023 年 5 月 1 日回岗正常劳动。吴某仍拒绝返岗。

之后，某公司再次发布公告，重申员工的岗位、工作内容和福利待遇不变，增发 50 元交通补助。吴某仍然拒绝返岗。2023 年 5 月 15 日，某公司向吴某发出《督促回岗通知》，告知吴某行为已严重违反规章制度，扰乱破坏生产秩序，要求吴某于 2023 年 5 月 18 日到新厂区报到，逾期未报到将解除劳动合同。吴某未按要求报到。2023 年 5 月 18 日，某公司在通知工会后，以严重违反规章制度为由决定与吴某解除劳动合同。随后，吴某申请劳动仲裁，要求某公司支付赔偿金。

争议焦点

因某公司整体搬迁导致劳动者工作地点变更，通勤时间延长的，吴某是否能以此为由拒绝提供劳动？

律师解说

用人单位的整体搬迁常常会导致劳动者工作地点变更和通勤时间延长，但是否构成《中华人民共和国劳动合同法》第四十条第三项规定的“劳动合同订立时所依据的客观情况发生重大变化，致使劳动合同无法履行”情形，需考虑搬迁距离、通勤便利程度、交通工具提供情况、出勤时间调整及交通补贴等因素。

本案中，某公司厂区整体搬迁是基于政府政策变化所致，其对吴某提出的变更工作地点的要求具有客观必要性；某公司与吴某的劳动合同中约定吴某的工作地点为某市，本次工作地点的变更也未超出劳动合同约定范畴；某公司在承诺工作内容、劳动报酬不变的同时，采取了发放交通补助等措施，前述措施足以弥补某公司变更工作地点行为给吴某造成的不便。吴某应当服从某公司的安排至新地点上班，其拒绝服从工作安排的行为已构成旷工，某公司根据《员工手册》中的相关规定解除与吴某的劳动合同并无违法之处。

法律规定

《中华人民共和国劳动合同法》

第三十九条　劳动者有下列情形之一的，用人单位可以解除劳动合同：

（一）在试用期间被证明不符合录用条件的；

（二）严重违反用人单位的规章制度的；

（三）严重失职，营私舞弊，给用人单位造成重大损害的；

（四）劳动者同时与其他用人单位建立劳动关系，对完成本单位的工作任务造成严重影响，或者经用人单位提出，拒不改正的；

（五）因本法第二十六条第一款第一项规定的情形致使劳动合同无效的；

（六）被依法追究刑事责任的。

第四十条 有下列情形之一的，用人单位提前三十日以书面形式通知劳动者本人或者额外支付劳动者一个月工资后，可以解除劳动合同：

（一）劳动者患病或者非因工负伤，在规定的医疗期满后不能从事原工作，也不能从事由用人单位另行安排的工作的；

（二）劳动者不能胜任工作，经过培训或者调整工作岗位，仍不能胜任工作的；

（三）劳动合同订立时所依据的客观情况发生重大变化，致使劳动合同无法履行，经用人单位与劳动者协商，未能就变更劳动合同内容达成协议的。

040 用人单位与孕期女职工就调岗未协商一致是否可以解除劳动关系？

基本案情

豆某于2012年11月入职某文化创意公司，担任其下属公司文员，劳动合同未约定工作地点。劳动关系存续期间，豆某的实际工作地点为厦门市。2023年3月，某文化创意公司要求已怀孕的豆某到泉州市丰泽区工作，豆某以工作地点较远为由拒绝了这一工作内容调整，双方就调岗一事未能达成一致意见。2023年4月，某文化创意公司口头通知豆某解除劳动关系，并以豆某旷工为由拒绝向其支付孕期解除劳动合同的赔偿金。豆某向当地劳动人事争议仲裁委员会申请仲裁，请求裁决某文化创意公司支付违法解除劳动合同的赔偿金。

争议焦点

某文化创意公司能否因与处于孕期的豆某就调岗未协商一致而解除劳动关系？

律师解说

依据《女职工劳动保护特别规定》第六条的规定，怀孕女职工有权要求调整工作岗位或者减轻劳动量，职工需提供医院证明，用人单位有义务给员工调整岗位或者减少工作量。如果员工所在的岗位属于怀孕女员工禁忌从事的劳动岗位，用人单位同样也有义务调整岗位。工作内容和工作地点是劳动合同的必备条款，根据《中华人民共和国劳动合同法》的规定，用人单位与劳动者协商一致，可以变更劳动合同的约定内容。本案中，豆某处于孕期，某文化创意公司未能履行对孕期女职工特别保护的义务，并且要求已经怀孕的豆某到离家较远的泉州市工作，因豆某不同意工作地点的变更，未到新的工作地点工作，某文化创意公司以豆某旷工为由与豆某解除劳动合同的行为违反相关法律规定，因此某文化创意公司需要向豆某支付违法解除劳动合同的赔偿金。

法律规定

《女职工劳动保护特别规定》

第六条 女职工在孕期不能适应原劳动的，用人单位应当根据医疗机构的证明，予以减轻劳动量或者安排其他能够适应的劳动。

对怀孕 7 个月以上的女职工，用人单位不得延长劳动时间或者安排夜班劳动，并应当在劳动时间内安排一定的休息时间。

怀孕女职工在劳动时间内进行产前检查，所需时间计入劳动时间。

《中华人民共和国劳动合同法》

第三十五条　用人单位与劳动者协商一致，可以变更劳动合同约定的内容。变更劳动合同，应当采用书面形式。

变更后的劳动合同文本由用人单位和劳动者各执一份。

041 用人单位如何合法调整劳动者的工作岗位？

基本案情

刘某于2019年8月入职某食品公司，双方订立了一份无固定期限劳动合同，约定刘某工作地点为厦门市，岗位为“行政服务岗”，工作内容为“行政服务管理”。劳动合同中双方还约定：“某公司可以根据生产经营需要，对刘某工作岗位、工作内容以及工作地点进行调整。”刘某入职后，被安排在某食品公司位于湖里区的研发中心从事新人资料管理工作。2021年8月，某食品公司出于优化公司管理制度的需要，将各中心的人事资料管理工作统一转回至公司总部的行政部集中统一处理。刘某随后根据某公司要求，办理研发中心的人事资料与总部的交接手续。交接完毕后，某食品公司与刘某沟通协商，提出安排其到研发中心的其他岗位工作，刘某当场予以拒绝。此后某食品公司在对刘某进行培训后，又安排刘某到位于思明区的公司总部从事前台接待工作，薪水与原岗位相同。8月底，刘某要求某食品公司将其调回原工作地点原岗位进行工作，某食品公司予以拒绝。双方由此产生争议，多次协商不成后，刘某向当地劳动争议仲裁委员会申请劳动仲裁。

争议焦点

某食品公司调整刘某的工作岗位和工作地点是否属于合法行使用工自主权？

律师解说

依据《中华人民共和国就业促进法》第八条的规定，用人单位享有用工自主权，其有权根据自身生产经营需要对劳动者的工作岗位、工作地点进行适当调整。但同时用人单位用工自主权的行使也应在相关法律与政策框架内，防止用人单位以此为由打击报复或变相逼迫劳动者主动离职。在司法实践中，调整岗位或工作地点的合理性一般需要考虑如下因素：(1) 是否基于用人单位生产经营需要；(2) 是否属于对劳动合同约定的较大变更；(3) 是否对劳动者有歧视性、侮辱性；(4) 是否对劳动报酬及其他劳动条件产生较大影响；(5) 劳动者是否能够胜任调整的岗位；(6) 工作地点作出不便调整后，用人单位是否提供必要协助或补偿措施等。

具体至本案当中，刘某与某公司签订的劳动合同中约定其工作岗位为“行政服务岗”，这一岗位不属于专业岗位，某公司适当调整刘某的工作岗位与工作地点是基于统一人事资料管理的需要，而不是刻意针对刘某；并且某公司在调整工作岗位与工作地点时也和刘某进行了充分沟通与协商，为刘某提供了包括在原工作地点适当调整岗位等多种方案，体现了对刘某劳动权益的尊重；此外刘某调整后的工作岗位为前台接待，调整前后的两个岗位均系行政服务岗位，某公司在调岗前也已对刘某进行培训，这一岗位与刘某的个人情况与能力匹配，并且某公司的调岗行为未涉及薪水变动，调整后的工作地点也属于交通便利地区，虽然刘某上下班时间有所增加，但此变动情况不足以对其产生较为严重的不利影响，对其劳动权益不构成损害，因而某公司调整刘某工作岗位与工作地点的行为不具惩罚性与侮辱性，充分尊重了刘某劳动权益，属于其合理行使用工自主权，刘某无权要求某公司将其调回原工作地点原岗位进行工作。

法律规定

《中华人民共和国就业促进法》

第八条　用人单位依法享有自主用人的权利。

用人单位应当依照本法以及其他法律、法规的规定，保障劳动者的合法权益。

《中华人民共和国劳动合同法》

第三十五条　用人单位与劳动者协商一致，可以变更劳动合同约定的内容。变更劳动合同，应当采用书面形式。

变更后的劳动合同文本由用人单位和劳动者各执一份。

042 用人单位应当如何合法调整患病员工岗位？

基本案情

薛某于2019年3月入职某动画制作公司，双方签订了1份为期5年的劳动合同。入职以后，薛某的工作业绩一直位列公司头部。但在2022年初，薛某因长期久坐患上严重的腰椎间盘突出，累计请假120多天。为了不影响公司正常业务的开展，薛某也曾与某动画制作公司提出协商解除劳动合同，但因双方就经济补偿数额产生分歧，最终未能达成一致意见。此后某动画制作公司在明知薛某存在严重的腰椎疾病的情况下，前后两次将薛某调至使其身体产生严重不适的岗位。因调岗与考核问题，薛某与某动画制作公司多次产生冲突，薛某也拒绝参与公司的绩效考核整改计划。某动画制作公司于2022年8月以薛某“多次不服从公司管理，严重违反公司规章制度”为由，向薛某发放《解除劳动合同通知书》，与薛某解除劳动合同。

薛某认为某动画制作公司解除劳动合同的行为违反法律规定，于是向当地劳动人事争议仲裁委员会申请劳动仲裁，要求某动画制作公司支付违法解除劳动合同的赔偿金。

争议焦点

薛某的行为是否构成严重违反某动画制作公司的规章制度？

律师解说

根据《中华人民共和国劳动合同法》第四十条的规定，劳动者患病或者非因工负伤，在规定的医疗期满后不能从事原工作，也不能从事由用人单位另行安排的工作的，用人单位提前 30 日以书面形式通知劳动者本人或者额外支付劳动者 1 个月工资后，可以解除劳动合同。

本案中，某动画制作公司在明知薛某患有较为严重的腰椎间盘突出疾病，并且在薛某有意与某动画制作公司协商解除劳动合同的情况下，两次将薛某调岗至使其身体产生严重不适的岗位，调岗行为缺乏合理性，未能充分考虑薛某的身体状况以及履行合同的能力，使得后续某动画制作公司组织的绩效考核丧失了合法基础，故薛某仅拒绝参与绩效考核整改计划并未超出合理范畴，某动画制作公司以薛某严重违反公司规章制度为由解除双方的劳动合同属于违法解除，应向薛某支付赔偿金。

法律规定

《中华人民共和国劳动合同法》

第四十条　有下列情形之一的，用人单位提前三十日以书面形式通知劳动者本人或者额外支付劳动者一个月工资后，可以解除劳动合同：

（一）劳动者患病或者非因工负伤，在规定的医疗期满后不能从事原工作，也不能从事由用人单位另行安排的工作的；

（二）劳动者不能胜任工作，经过培训或者调整工作岗位，仍不能胜任工作的；

（三）劳动合同订立时所依据的客观情况发生重大变化，致使劳动合同无法履行，经用人单位与劳动者协商，未能就变更劳动合同内容达成协议的。

第四节　劳动合同的解除与终止

043 员工试用期被劝退，用人单位需要支付经济补偿吗？

基本案情

王某于2023年6月6日入职某房地产公司从事销售，双方约定试用期限自2023年6月6日至2023年9月5日，劳动合同期限3年并约定试用期考核标准为销售业绩，若销售业绩为零则视为未通过考核标准。2023年9月3日，王某因3个月业绩为零未达到岗位标准被某房地产公司劝退，公司向王某出具了固定模式的《离职申请》和《解除劳动关系证明书》。

2023年9月6日，王某向当地劳动人事争议仲裁委员会提出劳动仲裁申请，要求某房地产公司支付违法解除劳动关系赔偿金。某房地产公司认为王某还处于试用期，其因能力未达到岗位标准，公司有权劝退，王某已经签署了《离职申请》，且公司已经为其出具了《解除劳动合同证明书》，公司并未存在过错，应驳回王某的仲裁请求。

争议焦点

某房地产公司在试用期，因王某未达到岗位标准解除劳动合同是否合法？

律师解说

根据《中华人民共和国劳动合同法》的规定，试用期间用人单位不得解除劳动合同，除非符合特定情形且需向劳动者说明理由。

在司法实践中，对于劳动者在试用期不符合录用条件，用人单位单方面解除劳动合同的，用人单位需要提供证据予以证明，如录用条件（例如业绩要求、绩效考核标准等）在招聘公告或者录用通知中明确予以说明，且劳动者未达到该条件。

本案中，某房地产公司与王某在劳动合同中明确约定试用期考核标准为销售业绩，若销售业绩为零则视为未通过考核标准。王某连续 3 个月业绩为零，未通过考核，某房地产公司有权以王某连续 3 个月业绩为零未达到试用期录用标准而进行劝退，且无须支付经济补偿金。

法律规定

《中华人民共和国劳动合同法》

第二十一条 在试用期中，除劳动者有本法第三十九条和第四十条第一项、第二项规定的情形外，用人单位不得解除劳动合同。用人单位在试用期解除劳动合同的，应当向劳动者说明理由。

第三十九条 劳动者有下列情形之一的，用人单位可以解除劳动合同：

（一）在试用期间被证明不符合录用条件的；

（二）严重违反用人单位的规章制度的；

（三）严重失职，营私舞弊，给用人单位造成重大损害的；

（四）劳动者同时与其他用人单位建立劳动关系，对完成本单位的工作任务造成严重影响，或者经用人单位提出，拒不改正的；

（五）因本法第二十六条第一款第一项规定的情形致使劳动合同无效的；

（六）被依法追究刑事责任的。

044 试用期员工因无法胜任工作被辞退，用人单位需要支付经济补偿吗？

基本案情

某公司招聘财务1名，要求2年以上工作经验，通过中级会计资格考试。2023年5月，江某经过了两轮筛选后通过了面试，便与某公司签订了《劳动合同》，合同约定期限为3年，试用期3个月，试用期间每个月工资7500元，转正后工资为9000元。

2023年7月，某公司认为江某做事不够细心，入职以来，其经手的财务账单出现了大大小小的错误，因此以江某无法胜任工作为由与江某解除劳动合同。

江某不服，认为自己符合某公司的录用条件，某公司不能以其无法胜任工作为由直接解除《劳动合同》。于是，江某向当地劳动仲裁机构申请劳动仲裁，要求某公司支付违法解除劳动合同赔偿金7500元。

争议焦点

试用期江某不胜任工作遭辞退，某公司需要支付经济补偿吗？

律师解说

根据《中华人民共和国劳动合同法》第二十一条的规定，试用期属于劳动合同期限的一部分，用人单位在试用期中解除劳动合同需要满足《中华人民共和国劳动合同法》第三十九条以及第四十条第一项、第二项规定的法定事由。

本案中，由于某公司未针对试用期的录用标准、考核程序等录用条件与江某进行事先约定，现有证据无法证明江某不符合录用条件，某公司不能依据《中华人民共和国劳动合同法》第三十九条的规定单方解除劳动合同。根据《中华人民共和国劳动合同法》第四十条第二项的规定，某公司若认为江某无法胜任工作，不能直接解除劳动合同，应当先对江某进行培训或者调整工作岗位，确定仍然不能胜任的，再提前 30 日以书面形式通知江某本人或者额外支付江某 1 个月工资后方可解除劳动合同，且需支付经济补偿，否则属于违法解除劳动合同，应当向江某支付赔偿金。

需要说明的是，若在试用期间劳动者被证明不符合录用条件的，用人单位向劳动者说明理由，可以在试用期解除劳动合同。

法律规定

《中华人民共和国劳动合同法》

第二十一条 在试用期中，除劳动者有本法第三十九条和第四十条第一项、第二项规定的情形外，用人单位不得解除劳动合同。用人单位在试用期解除劳动合同的，应当向劳动者说明理由。

第三十九条 劳动者有下列情形之一的，用人单位可以解除劳动合同：

（一）在试用期间被证明不符合录用条件的；

（二）严重违反用人单位的规章制度的；

（三）严重失职，营私舞弊，给用人单位造成重大损害的；

（四）劳动者同时与其他用人单位建立劳动关系，对完成本单位的工作任务造成严重影响，或者经用人单位提出，拒不改正的；

（五）因本法第二十六条第一款第一项规定的情形致使劳动合同无效的；

（六）被依法追究刑事责任的。

第四十条 有下列情形之一的，用人单位提前三十日以书面形式通知劳动者本人或者额外支付劳动者一个月工资后，可以解除劳动合同：

（一）劳动者患病或者非因工负伤，在规定的医疗期满后不能从事原工作，也不能从事由用人单位另行安排的工作的；

（二）劳动者不能胜任工作，经过培训或者调整工作岗位，仍不能胜任工作的；

（三）劳动合同订立时所依据的客观情况发生重大变化，致使劳动合同无法履行，经用人单位与劳动者协商，未能就变更劳动合同内容达成协议的。

045 用人单位不得滥用“试用期不合格”的理由解除劳动合同

基本案情

某化妆品公司在公开招聘平台发布“化妆品销售人员”的招聘信息，要求为本科以上学历、2年以上同行业从业经验，刘某应聘该岗位，于2023年6月正式入职某化妆品公司。双方签订了为期3年的固定期限劳动合同，合同中约定试用期为6个月，未约定刘某的岗位职责和试用期的考核标准。某化妆品公司也未对刘某等新员工进行岗位培训和考核标准公示。次月，因刘某无订单成交业绩，某化妆品公司以刘某试用期不合格为由与其解除劳动合同。刘某提出劳动仲裁申请，要求某化妆品公司支付违法解除劳动合同赔偿金。

某化妆品公司认为，销售人员的核心考核指标是业绩，刘某入职1个月期间，既未给公司带来新订单，也未为公司介绍新的客户，不符合录用条件，其解除劳动合同符合合同约定。刘某则认为，某化妆品公司在未明确考核标准的情况下以“试用期不合格”为由解除劳动合同的行为违反法律规定。

争议焦点

某化妆品公司在未明确试用期考核标准时以“试用期不合格”为由与刘某解除劳动合同是否违反法律规定？

律师解说

由于试用期是用人单位考核劳动者是否符合岗位要求的重要期间，《中华人民共和国劳动合同法》第三十九条第一款与《中华人民共和国劳动合同法实施条例》第十九条第二款等法律法规赋予了用人单位单方解除劳动合同的权利，如果劳动者在试用期间被证明不符合录用条件，用人单位有权解除合同。但为保护劳动者的合法权益，防止用人单位滥用试用期条款辞退劳动者，相关规定明确了用人单位负有举证责任，应当证明劳动者在试用期不符合录用条件，以限制用人单位在试用期随意解除劳动合同的行为。

本案中，某化妆品公司的招聘要求中只提及要求本科学历、2年以上同行业从业经验，且未在劳动合同中约定岗位职责和试用期考核标准，在刘某入职后也未对此进行明确。某化妆品公司径自以首月业绩作为试用期的考核标准，并以此为由解除与刘某的劳动合同缺乏正当性，构成违法解除劳动合同。

法律规定

《中华人民共和国劳动合同法》

第三十九条　劳动者有下列情形之一的，用人单位可以解除劳动合同：

（一）在试用期间被证明不符合录用条件的；

（二）严重违反用人单位的规章制度的；

（三）严重失职，营私舞弊，给用人单位造成重大损害的；

（四）劳动者同时与其他用人单位建立劳动关系，对完成本单位的工作任务造成严重影响，或者经用人单位提出，拒不改正的；

（五）因本法第二十六条第一款第一项规定的情形致使劳动合同无效的；

（六）被依法追究刑事责任的。

《中华人民共和国劳动合同法实施条例》

第十九条　有下列情形之一的，依照劳动合同法规定的条件、程序，用人单位可以与劳动者解除固定期限劳动合同、无固定期限劳动合同或者以完成一定工作任务为期限的劳动合同：

（一）用人单位与劳动者协商一致的；

（二）劳动者在试用期间被证明不符合录用条件的；

（三）劳动者严重违反用人单位的规章制度的；

（四）劳动者严重失职，营私舞弊，给用人单位造成重大损害的；

（五）劳动者同时与其他用人单位建立劳动关系，对完成本单位的工作任务造成严重影响，或者经用人单位提出，拒不改正的；

（六）劳动者以欺诈、胁迫的手段或者乘人之危，使用人单位在违背真实意思的情况下订立或者变更劳动合同的；

（七）劳动者被依法追究刑事责任的；

（八）劳动者患病或者非因工负伤，在规定的医疗期满后不能从事原工作，也不能从事由用人单位另行安排的工作的；

（九）劳动者不能胜任工作，经过培训或者调整工作岗位，仍不能胜任工作的；

（十）劳动合同订立时所依据的客观情况发生重大变化，致使劳动合同无法履行，经用人单位与劳动者协商，未能就变更劳动合同内容达成协议的；

（十一）用人单位依照企业破产法规定进行重整的；

（十二）用人单位生产经营发生严重困难的；

（十三）企业转产、重大技术革新或者经营方式调整，经变更劳动合同后，仍需裁减人员的；

（十四）其他因劳动合同订立时所依据的客观经济情况发生重大变化，致使劳动合同无法履行的。

046 员工签订《协商解除劳动关系协议书》后，能反悔吗？

基本案情

徐某是某公司的财务，2023 年 8 月 1 日，徐某想从某公司离职换份新工作，于是，与公司协商一致，签订了《协商解除劳动关系协议书》。协议中载明："1. 双方于 2023 年 7 月 31 日解除劳动关系；2. 协议签订后三日内某公司一次性向徐某支付剩余工资 8000 元，经济补偿 15000 元；3. 除本协议约定款项外，某公司无须再向徐某支付其他任何款项，双方就此再无争议，徐某不得再以任何理由要求某公司承担任何责任。"该协议书签订后，某公司按协议约定在规定期限内向徐某支付了全部款项。

3 个月后，徐某认为某公司支付的经济补偿数额不足。于是，向当地劳动人事争议仲裁委员会申请劳动仲裁，请求某公司支付协议中没有约定的加班费、违法解除劳动合同赔偿金以及绩效工资等费用共计 7 万余元。

争议焦点

徐某与某公司签订的《协商解除劳动关系协议书》是否有效？

律师解说

徐某与某公司签订的《协商解除劳动关系协议书》系双方的真实意思表示，双方已经达成解除劳动合同的一致意见，协议内容不违反国家法律、行政法规的强制性规定，徐某也未能提供证据证明签订过程中存在“欺诈、胁迫或乘人之危”的情形，故该协议合法有效。某公司已经按照协议约定支付了约定的全部款项，双方就此事已经再无争议。此外，从《中华人民共和国民法典》第七条规定的诚信原则出发，劳动者不得任意否认之前作出的意思表示。劳动者主张解除劳动合同时的事由前后不一致的，应就前一次解除劳动合同无法表达其真实意思表示承担举证责任。徐某签订《协商解除劳动关系协议书》后反悔，请求支付加班费等费用，却未能证明原先《协商解除劳动关系协议书》系基于错误意思表示作出，徐某的行为不仅违反协议的约定，且违反诚信原则，不应得到支持。

法律规定

《中华人民共和国民法典》

第七条　民事主体从事民事活动，应当遵循诚信原则，秉持诚实，恪守承诺。

《最高人民法院关于审理劳动争议案件适用法律问题的解释（一）》

第三十五条　劳动者与用人单位就解除或者终止劳动合同办理相关手续、支付工资报酬、加班费、经济补偿或者赔偿金等达成的协议，不违反法律、行政法规的强制性规定，且不存在欺诈、胁迫或者乘人之危情形的，应当认定有效。

前款协议存在重大误解或者显失公平情形，当事人请求撤销的，人民法院应予支持。

047 劳动者严重违反用人单位规章制度，用人单位可以解除劳动关系吗？

基本案情

2023年1月3日，陈某入职某公司，与某公司签订1份《劳动合同书》，合同期限为2023年1月3日至2025年1月2日，岗位为餐厅经理。陈某在《劳动合同书》员工签收确认栏中确认：本人已阅读、签收并理解认可公司制定的《员工手册》等规章制度，愿意遵守，否则同意公司按照规章制度进行处理。《员工手册》经过民主程序制定，其中关于纪律和处分规定："员工12个月累计收到二次书面警告的，属于严重违纪行为，公司有权辞退。"

2023年9月17日，某公司向陈某发出两份《书面警告》。其中一份《书面警告》记载：公司于2023年9月2日接到投诉，经调查陈某作为餐厅经理，在2023年2月至2023年3月存在未按照公司工时管理、排班管理要求擅自录入多名员工工时的行为，造成餐厅存在工时管理、餐厅经理密码管理混乱等问题，属于严重违纪行为，依照《员工手册》给予书面警告处理。另一份《书面警告》记载：公司在 2023 年 9 月的稽核中发现陈某所在餐厅顾客满意度调研出现 29 单异常数据，其中有 21 单系陈某为测试手机能否收到回馈问卷使用餐厅员工手机试单，并在测试中全部进行五分满意度评价，违反系统操作流程中关于顾客满意度必须是非员工顾客消费后使用自己手机进行服务满意度真实评价的规定，造成餐厅顾客满意度数据失真，属于严重违纪行为，依照《员工手册》给予书面警告处理。

2023 年 9 月 30 日，某公司以陈某 12 个月内累计收到 2 次书面警告，属于严重违纪行为，违反《员工手册》关于纪律和处分的规定为由，作出了解除与陈某的劳动合同之决定。陈某认为，某公司连续作出两次《书面警告》本质上是利用制度直接解除劳动合同，不符合《员工手册》中关于制定书面警告条款的目的，也没有给予陈某任何改正的机会。且陈某的违规行为可以修正，未对某公司造成不良影响或损失，不属于严重违纪。双方对此发生劳动争议。

争议焦点

某公司解除与陈某的劳动合同是否合法？

律师解说

根据《最高人民法院关于审理劳动争议案件适用法律问题的解释（一）》第五十条第一款的规定，用人单位根据《劳动合同法》第四条规定，通过民主程序制定的规章制度，不违反国家法律、行政法规及政策规定，并已向劳动者公示的，可以作为确定双方权利义务的依据。

本案中，《员工手册》经过民主程序制定，内容不违反法律法规的强制性规定，且在《劳动合同书》签订时已向陈某公示，可以作为认定陈某与某公司之间权利义务的依据。陈某作为餐厅经理，负有带头遵守公司规章制度的管理职责，对餐厅工时和顾客满意度调查的两次造假行为存在严重过错。根据《员工手册》的规定，陈某的两次行为均构成严重违纪，符合《员工手册》中给予书面警告的条件。某公司对陈某的两次行为分别作出两次《书面警告》有相应的规章制度依据。且某公司连续发出两份《书面警告》是因为陈某违纪行为的发生时间或受投诉时间较为密集，具有合理原因，不属于故意利用劳动规章制度侵犯劳动者合法权益的行为。某公司根据《员工手册》规定，通知陈某解除劳动合同符合法律规定。根据《中华人民共和国劳动合同》第三十九条规定，劳动者严重违反用人单位的规章制度的，用人单位可以解除劳动合同。用人单位依此解除与劳动者的劳动合同，无须支付经济补偿。

法律规定

《中华人民共和国劳动合同法》

第三十九条 劳动者有下列情形之一的，用人单位可以解除劳动合同：

（一）在试用期间被证明不符合录用条件的；

（二）严重违反用人单位的规章制度的；

（三）严重失职，营私舞弊，给用人单位造成重大损害的；

（四）劳动者同时与其他用人单位建立劳动关系，对完成本单位的工作任务造成严重影响，或者经用人单位提出，拒不改正的；

（五）因本法第二十六条第一款第一项规定的情形致使劳动合同无效的；

（六）被依法追究刑事责任的。

《最高人民法院关于审理劳动争议案件适用法律问题的解释（一）》

第五十条第一款　用人单位根据劳动合同法第四条规定，通过民主程序制定的规章制度，不违反国家法律、行政法规及政策规定，并已向劳动者公示的，可以作为确定双方权利义务的依据。

048 能否以劳动者未完成“业绩军令状”为由解除劳动合同？

基本案情

曹某于2022年11月入职某房地产公司担任销售，并于2023年1月签订《销售人员军令状》，承诺：“其自愿选择2023年的业绩目标为2700万元，如果业绩完成率低于30%，自动离职。”因2023年曹某最终完成销售员业绩264万元，未达到业绩目标的30%，某房地产公司于2024年3月通知曹某解除劳动合同。曹某认为某房地产公司构成违法解除劳动合同，要求其支付违法解除劳动合同的赔偿金。

争议焦点

某房地产公司以曹某未完成业绩目标为由解除劳动合同，是否构成违法解除劳动合同？

律师解说

实践中，许多用人单位为激发劳动者的积极性，会与劳动者协商签订或由劳动者单方作出各种类型的“业绩军令状”，并要求劳动者承诺未完成业绩指标自动离职，但此类“业绩军令状”不具有法律效力，用人单位解除劳动合同仍应按照《中华人民共和国劳动合同法》第四十条规定的法定情形执行。

本案中，曹某销售业绩达不到预期目标，不能证明其无法胜任工作，且即使其无法胜任工作，根据《中华人民共和国劳动合同法》第四十条第二款的规定，某房地产公司也应当先对曹某进行培训或者调整工作岗位，只有曹某仍无法胜任工作时，某房地产公司才有权解除劳动合同。因此，某房地产公司直接以曹某销售业绩未达到《销售人员军令状》的要求解除双方的劳动合同，构成违法解除，应当依法向曹某支付违法解除劳动合同的赔偿金。

法律规定

《中华人民共和国劳动合同法》

第四十条　有下列情形之一的，用人单位提前三十日以书面形式通知劳动者本人或者额外支付劳动者一个月工资后，可以解除劳动合同：

（一）劳动者患病或者非因工负伤，在规定的医疗期满后不能从事原工作，也不能从事由用人单位另行安排的工作的；

（二）劳动者不能胜任工作，经过培训或者调整工作岗位，仍不能胜任工作的；

（三）劳动合同订立时所依据的客观情况发生重大变化，致使劳动合同无法履行，经用人单位与劳动者协商，未能就变更劳动合同内容达成协议的。

第八十七条　用人单位违反本法规定解除或者终止劳动合同的，应当依照本法第四十七条规定的经济补偿标准的二倍向劳动者支付赔偿金。

049 用人单位能否以客观情况发生变化为由解除劳动合同？

基本案情

林某于2006年1月入职厦门某公司，从事保税与关务的工作。2015年1月，因市场环境变化，某公司经海关批准，将原来的保税业务转为非保税业务，相关的岗位也因此取消。随即某公司向林某提出调整岗位的要求，被林某拒绝，某公司在支付林某额外1个月工资和经济补偿的基础上解除了双方的劳动合同。林某不服，认为某公司系违法解除劳动合同，遂向当地劳动争议仲裁委员会申请劳动仲裁，要求某公司支付赔偿金。

争议焦点

某公司能否以客观情况发生变化为由与林某解除劳动合同？

律师解说

《中华人民共和国劳动合同法》第四十条第三项的规定，劳动合同订立时所依据的客观情况发生重大变化，致使劳动合同无法履行，经用人单位与劳动者协商，未能就变更劳动合同内容达成协议的，用人单位在提前 30 日以书面形式通知劳动者本人或者额外支付劳动者 1 个月工资并支付经济补偿后，可以解除劳动合同。用人单位的经营并不是一成不变的，需要根据市场经济环境的变化对经营方式、经营策略作出调整，必要时进行项目撤销或转型以确保企业的持续发展和竞争力，这些都可能构成签订劳动合同时的客观条件发生重大变化。本案中，某公司基于市场变化，自身经营方式调整的需要而取消相关部门及岗位，应认定为订立劳动合同时所依据的客观情况发生了变化，导致原先劳动合同约定的内容已无法实际履行。由于双方就变更劳动合同未能协商一致，某公司额外支付 1 个月的工资和经济补偿后可以解除与林某劳动关系，不构成违法解除劳动合同。

法律规定

《中华人民共和国劳动合同法》

第四十条　有下列情形之一的，用人单位提前三十日以书面形式通知劳动者本人或者额外支付劳动者一个月工资后，可以解除劳动合同：

（一）劳动者患病或者非因工负伤，在规定的医疗期满后不能从事原工作，也不能从事由用人单位另行安排的工作的；

（二）劳动者不能胜任工作，经过培训或者调整工作岗位，仍不能胜任工作的；

（三）劳动合同订立时所依据的客观情况发生重大变化，致使劳动合同无法履行，经用人单位与劳动者协商，未能就变更劳动合同内容达成协议的。

第四十六条　有下列情形之一的，用人单位应当向劳动者支付经济补偿：

（一）劳动者依照本法第三十八条规定解除劳动合同的；

（二）用人单位依照本法第三十六条规定向劳动者提出解除劳动合同并与劳动者协商一致解除劳动合同的；

（三）用人单位依照本法第四十条规定解除劳动合同的；

（四）用人单位依照本法第四十一条第一款规定解除劳动合同的；

（五）除用人单位维持或者提高劳动合同约定条件续订劳动合同，劳动者不同意续订的情形外，依照本法第四十四条第一项规定终止固定期限劳动合同的；

（六）依照本法第四十四条第四项、第五项规定终止劳动合同的；

（七）法律、行政法规规定的其他情形。

050 用人单位能否以未经民主程序制定的规章制度作为辞退员工的理由？

基本案情

陈某是厦门某电子公司的作业员，2023 年 5 月 13 日，其在工作时与组长卢某因夜班补贴问题发生肢体冲突。后卢某报警，并经医院诊断为头面部软组织挫伤。随后该电子公司以陈某在上班期间殴打上司，违反《员工管理规则》中规定为由，对陈某作出辞退决定。该《员工管理规则》第 5 条规定："员工存在以下情形，公司有权单方面解除劳动合同：（1）同事间遇到矛盾未循法律途径或公司内协助化解处理而私自在公司内打架者；（2）不服主管的合理调派，有侮辱或威胁行为者……"

陈某认为，该《员工管理规则》并未经职工代表大会或者全体职工讨论，提出方案和意见，也未与工会或者职工代表平等协商确定，不具有法律约束力，公司以违反该规则为由解除劳动合同，缺少合法依据，应支付相应的赔偿金。公司则辩称该规则长期张贴于公告栏，并定期组织员工学习，陈某亦已签字确认。

争议焦点

陈某违反某电子公司内部规章制度，该规章制度并未经民主程序制定，但经公示和陈某签字确认，公司能否以其作为辞退陈某的合法依据？

律师解说

虽然《中华人民共和国劳动合同法》第三十九条规定劳动者严重违反用人单位规章制度的，用人单位可以解除劳动合同，但该规章制度须满足法定的程序条件。根据《中华人民共和国劳动合同法》第四条第二款规定及《最高人民法院关于审理劳动争议案件适用法律问题的解释（一）》第五十条第一款规定，即用人单位通过民主程序制定并已向劳动者公示的规章制度方能作为确定双方权利义务的依据。

本案中，《员工管理规则》中规定了公司单方解除劳动合同的多种情形，因这一制度内容直接涉及劳动者切身利益，故应当经职工代表大会或全体职工讨论，提出方案和意见，与工会或职工代表平等协商确定。但该电子公司制定的《员工管理规则》并未通过上述民主程序制定，违反了《中华人民共和国劳动合同法》第四条第二款规定，即便经过了公示和员工签字，该《员工管理规则》也不得作为确定某电子公司与陈某之间权利义务的依据。因此，某电子公司以陈某违反《员工管理规则》辞退陈某的行为，缺乏合法依据，构成违法解除劳动合同，并应按照《中华人民共和国劳动合同法》第八十七条规定向陈某支付赔偿金。

法律规定

《中华人民共和国劳动合同法》

第四条　用人单位应当依法建立和完善劳动规章制度，保障劳动者享有劳动权利、履行劳动义务。

用人单位在制定、修改或者决定有关劳动报酬、工作时间、休息休假、劳动安全卫生、保险福利、职工培训、劳动纪律以及劳动定额管理等直接涉及劳动者切身利益的规章制度或者重大事项时，应当经职工代表大会或者全体职工讨论，提出方案和意见，与工会或者职工代表平等协商确定。

在规章制度和重大事项决定实施过程中，工会或者职工认为不适当的，有权向用人单位提出，通过协商予以修改完善。

用人单位应当将直接涉及劳动者切身利益的规章制度和重大事项决定公示，或者告知劳动者。

第三十九条　劳动者有下列情形之一的，用人单位可以解除劳动合同：

（一）在试用期间被证明不符合录用条件的；

（二）严重违反用人单位的规章制度的；

（三）严重失职，营私舞弊，给用人单位造成重大损害的；

（四）劳动者同时与其他用人单位建立劳动关系，对完成本单位的工作任务造成严重影响，或者经用人单位提出，拒不改正的；

（五）因本法第二十六条第一款第一项规定的情形致使劳动合同无效的；

（六）被依法追究刑事责任的。

《最高人民法院关于审理劳动争议案件适用法律问题的解释（一）》

第五十条第一款　用人单位根据劳动合同法第四条规定，通过民主程序制定的规章制度，不违反国家法律、行政法规及政策规定，并已向劳动者公示的，可以作为确定双方权利义务的依据。

051 协议解除劳动关系后，可否以员工违纪拒绝支付补偿？

基本案情

2020 年 9 月 13 日，江某入职某公司。2022 年 5 月 9 日，因江某业绩连续多月未能达标，某公司以江某工作能力不足为由与江某协商一致解除劳动合同，且双方就解除劳动合同所涉的经济补偿等事宜签订了《解除劳动合同协议》。《解除劳动合同协议》约定：某公司支付江某经济补偿，双方不存在其他争议等。

上述协议签订后，某公司在办理江某离职手续过程中，通过核查江某的报销发票情况、公司信用卡、公司手机使用情况，发现江某存在刻意隐瞒虚假报销、骗取公司财产、私自开设公司等违纪行为，该违纪行为已经严重违反某公司的规章制度，符合某公司规章中规定的可解除劳动合同的条件。此外，某公司认为其在签订《解除劳动合同协议》时并不知晓江某的违纪行为，该协议是其在受欺诈并产生重大误解情形下签订的，属于无效合同。综合前述两个原因，某公司主张无须按照协议约定向江某支付经济补偿。

江某主张，在职期间其完全按照劳动合同约定履行应尽义务，并无任何违反某公司纪律或规章制度的行为，双方签订的《解除劳动合同协议》合法有效，某公司应当支付经济补偿。双方就此发生争议。

争议焦点

用人单位在不知晓员工违纪行为的情况下，与员工签订的《解除劳动合同协议》是否有效？

律师解说

本案中，某公司与江某的劳动关系已经解除，但某公司是否需要向江某支付经济补偿等费用，关键在于判断双方签订的《解除劳动合同协议》是否有效，如该协议有效，则对双方具有法律约束力，且双方均应严格遵照执行。

首先，签订该协议时，某公司系以江某工作能力不足而向江某提出协商解除劳动关系，并未包含江某违纪行为的内容。因此，某公司就劳动关系解除这一问题本身并不存在被欺骗或者重大误解的前提。

其次，某公司作为用人单位对员工负有管理责任，应当客观清楚地审查员工的违纪情况，并根据违纪情况作出相应处理，但某公司在与江某签订《解除劳动合同协议》前从未提出其存在违纪行为，该协议是基于双方真实意思表示作出的，合法有效。

最后，依据《中华人民共和国劳动合同法》第三十六条及第四十六条规定，用人单位向劳动者提出解除劳动合同并与劳动者协商一致解除劳动合同的，应向劳动者支付经济补偿。综上，某公司应当依照协议约定向江某支付经济补偿。

法律规定

《中华人民共和国劳动合同法》

第三十六条 用人单位与劳动者协商一致，可以解除劳动合同。

第四十六条 有下列情形之一的，用人单位应当向劳动者支付经济补偿：

（一）劳动者依照本法第三十八条规定解除劳动合同的；

（二）用人单位依照本法第三十六条规定向劳动者提出解除劳动合同并与劳动者协商一致解除劳动合同的；

（三）用人单位依照本法第四十条规定解除劳动合同的；

（四）用人单位依照本法第四十一条第一款规定解除劳动合同的；

（五）除用人单位维持或者提高劳动合同约定条件续订劳动合同，劳动者不同意续订的情形外，依照本法第四十四条第一项规定终止固定期限劳动合同的；

（六）依照本法第四十四条第四项、第五项规定终止劳动合同的；

（七）法律、行政法规规定的其他情形。

《中华人民共和国民法典》

第一百四十八条 一方以欺诈手段，使对方在违背真实意思的情况下实施的民事法律行为，受欺诈方有权请求人民法院或者仲裁机构予以撤销。

052 用人单位以对劳动者在原岗位的二次考评直接替代培训或调岗是否合法有效？

基本案情

2022年，耿某入职某化工公司，担任车间主任。双方签订了为期3年的劳动合同，耿某签收了某化工公司经过民主程序制定的《绩效考评办法》。《绩效考评办法》规定，某化工公司可以根据工作质量对员工进行考评，分为“优秀”、“合格”、“基本合格”以及“不能胜任本职工作”等四个等级，对于连续两次被评定为“不能胜任本职工作”的员工，公司有权解除劳动合同。在耿某工作期间，因为所在车间多次出现产品质量问题，耿某连续两次被公司绩效考评小组认定为“不能胜任本职工作”，某化工公司以耿某不能胜任工作为由解除与耿某之间的劳动合同。

争议焦点

耿某不能胜任工作，某化工公司能否以对其在原岗位的二次考评直接替代培训或调岗，从而解除劳动合同？

律师解说

根据《中华人民共和国劳动合同法》第四十条规定，劳动者不能胜任工作，经过培训或者调整工作岗位，仍不能胜任工作的，用人单位有权解除劳动合同。因此，用人单位以劳动者“不能胜任工作”为由解除劳动合同需要经过“培训或调整工作岗位”的前置程序，其目的在于通过培训或者调整工作岗位的方式尽可能提高劳动者与工作岗位的适配度和劳动能力，促进劳动者与用人单位双方的合作共赢。根据《最高人民法院关于审理劳动争议案件适用法律问题的解释（一）》第五十条的规定，用人单位根据《劳动合同法》第四条规定，通过民主程序制定的规章制度，不违反国家法律、行政法规及政策规定，并已向劳动者公示的，可以作为确定双方权利义务的依据。

本案中，某化工公司的《绩效考评办法》系经过民主程序制定，且向劳动者进行公示，其中不违反国家法律、行政法规及政策规定的部分可以作为确定其与耿某之间权利义务的依据。耿某作为车间主任，对于车间产品质量负有责任，在车间产品屡次出现产品质量问题的情况下，某化工公司有权依据《绩效考评办法》对耿某进行相应的绩效考评，将耿某确定为“不能胜任本职工作”。但当耿某存在不能胜任工作的情形时，某化工公司应当按照《中华人民共和国劳动合同法》第四十条的规定对耿某进行培训或者调整工作岗位，进一步考核耿某的工作能力与岗位的适配性，《绩效考评办法》中规定的两次评定为“不能胜任本职工作”即可辞退的规则不符合法律规定，不对耿某发生效力。本案中，某化工公司未对耿某进行培训或者调整工作岗位，仅依据《绩效考评办法》中耿某在原工作岗位上的“二次评定”为“不能胜任本职工作”，与耿某解除劳动合同，属于违法解除劳动合同。

法律规定

《中华人民共和国劳动合同法》

第四十条 有下列情形之一的，用人单位提前三十日以书面形式通知劳动者本人或者额外支付劳动者一个月工资后，可以解除劳动合同：

（一）劳动者患病或者非因工负伤，在规定的医疗期满后不能从事原工作，也不能从事由用人单位另行安排的工作的；

（二）劳动者不能胜任工作，经过培训或者调整工作岗位，仍不能胜任工作的；

（三）劳动合同订立时所依据的客观情况发生重大变化，致使劳动合同无法履行，经用人单位与劳动者协商，未能就变更劳动合同内容达成协议的。

《最高人民法院关于审理劳动争议案件适用法律问题的解释（一）》

第五十条 用人单位根据劳动合同法第四条规定，通过民主程序制定的规章制度，不违反国家法律、行政法规及政策规定，并已向劳动者公示的，可以作为确定双方权利义务的依据。

用人单位制定的内部规章制度与集体合同或者劳动合同约定的内容不一致，劳动者请求优先适用合同约定的，人民法院应予支持。

053 猥亵女同事，用人单位是否有权解除该违法员工的劳动关系？

基本案情

2021 年 1 月，杨某入职某餐饮公司从事服务员工作。双方签订劳动合同约定，劳动者严重违反某餐饮公司规章制度的，用人单位可以随时解除劳动合同。杨某同时签收了某餐饮公司经民主程序制定的《公司员工行为规范》，其中载明，男员工不得言语调戏或以其他方式猥亵女员工，违反者视情节严重程度予以处分。

2022 年 4 月，某餐饮公司女员工许某因故与杨某一同值班，在工作期间杨某未经许某同意趁机强行搂抱许某，并采用了带有性暗示的语言。许某立即报警，后经派出所调解，某餐饮公司、杨某与许某三方达成调解并签署《治安调解协议书》，三方同意某餐饮公司开除杨某，许某不再追究杨某行为的法律责任。次日，某餐饮公司根据《治安调解协议书》解除与杨某的劳动合同。杨某不服，申请劳动仲裁。

争议焦点

杨某猥亵女同事，达成《治安调解协议书》后，某餐饮公司是否有权解除该违法员工的劳动关系？

律师解说

为防止职场性骚扰，《中华人民共和国妇女权益保障法》第二十三条作出规定，禁止违背妇女意愿，以言语、文字、图像、肢体行为等方式对其实施性骚扰，受害妇女有权向单位和有关机关投诉，接到投诉的有关单位应当及时处理。同时，根据《中华人民共和国妇女权益保障法》第二十五条以及《女职工劳动保护特别规定》第十一条的规定，用人单位应当采取有效措施预防与制止对女职工的性骚扰，包括制定相应的规章制度、及时处理相应的纠纷以及采取其他合理的手段。可见，用人单位应当承担防范职场性骚扰的主体责任，并采取合理措施保护女职工利益。

本案中，杨某在工作期间于劳动场所内强行搂抱女同事，并使用性暗示语言，已经构成性骚扰行为，也违反了《公司员工行为规范》的规定，行为具有严重性，不仅侵犯了女员工的人身权利，也扰乱了用人单位的正常生产工作秩序。在女职工许某向公安机关报案后，某餐饮公司及时处理相关纠纷，在公安机关的调解下使三方达成《治安调解协议书》，开除杨某以维护女职工权益，符合法律规定，不属于违法解除劳动合同。

法律规定

《中华人民共和国妇女权益保障法》

第二十三条　禁止违背妇女意愿，以言语、文字、图像、肢体行为等方式对其实施性骚扰。

受害妇女可以向有关单位和国家机关投诉。接到投诉的有关单位和国家机关应当及时处理，并书面告知处理结果。

受害妇女可以向公安机关报案，也可以向人民法院提起民事诉讼，依法请求行为人承担民事责任。

第二十五条　用人单位应当采取下列措施预防和制止对妇女的性骚扰：

（一）制定禁止性骚扰的规章制度；

（二）明确负责机构或者人员；

（三）开展预防和制止性骚扰的教育培训活动；

（四）采取必要的安全保卫措施；

（五）设置投诉电话、信箱等，畅通投诉渠道；

（六）建立和完善调查处置程序，及时处置纠纷并保护当事人隐私和个人信息；

（七）支持、协助受害妇女依法维权，必要时为受害妇女提供心理疏导；

（八）其他合理的预防和制止性骚扰措施。

《女职工劳动保护特别规定》

第十一条 在劳动场所，用人单位应当预防和制止对女职工的性骚扰。

054 实施性骚扰被用人单位开除是否构成违法解除劳动关系？

基本案情

江某系某公司操作工。该公司经民主程序制定的《员工手册》中载明："公司职工不得对女性职工进行言语及肢体上的不当行为，公司全体职工应互相监督，一经发现存在性骚扰行为，将予以辞退，无任何赔偿，严重者移交司法处理。"《员工手册》的相关内容在入职培训过程中已向江某出示并要求其确认知晓。2022 年 10 月 15 日江某在公司微信工作群中公然询问某女性员工"想来帮我搓背吗"，要求该女性员工"加个私微"，并发出多个唇印表情。经其他同事以及上级主管领导劝说后，江某仍然拒绝撤回上述消息。在向公司工会委员会征求意见并获复函同意后，某公司决定以江某"在工作微信群中当众向女性员工骚扰""反复劝诫无效"等为由作出开除决定。后江某以某公司违法解除劳动合同为由，请求某公司支付违法解除劳动合同赔偿金。

争议焦点

某公司能否以“劳动者存在性骚扰行为”为由单方解除劳动合同？

律师解说

性骚扰是我国多项法律明确禁止的侵权行为，如《中华人民共和国妇女权益保障法》第二十三条第一款规定：“禁止违背妇女意愿，以言语、文字、图像、肢体行为等方式对其实施性骚扰。”又如《女职工劳动保护特别规定》第十一条规定：“在劳动场所，用人单位应当预防和制止对女职工的性骚扰。”

《中华人民共和国民法典》第一千零一十条第二款规定了用人单位的性骚扰防治义务，此项义务通过用人单位的规章制度与《中华人民共和国劳动合同法》相互衔接，明确了用人单位对性骚扰实施者的单方合同解除权。

本案中，该公司的《员工手册》不仅规定“公司职工不得对女性员工进行言语及肢体上的不当行为”，并且针对上述行为规定了处罚措施，与《中华人民共和国妇女权益保障法》《女职工劳动保护特别规定》等法律法规的精神相符。江某在知晓《员工手册》的情况下，仍于工作时间、工作场所，非因工作事宜向女员工作出不当的言语行为，不仅违背了妇女的主观意愿，且违反了《员工手册》，故用人单位有权根据《中华人民共和国劳动合同法》第三十九条规定，解除与江某的劳动关系。

法律规定

《中华人民共和国民法典》

第一千零一十条　违背他人意愿，以言语、文字、图像、肢体行为等方式对他人实施性骚扰的，受害人有权依法请求行为人承担民事责任。

机关、企业、学校等单位应当采取合理的预防、受理投诉、调查处置等措施，防止和制止利用职权、从属关系等实施性骚扰。

《中华人民共和国劳动合同法》

第三十九条　劳动者有下列情形之一的，用人单位可以解除劳动合同：

（一）在试用期间被证明不符合录用条件的；

（二）严重违反用人单位规章制度的；

（三）严重失职，营私舞弊，给用人单位造成重大损害的；

（四）劳动者同时与其他用人单位建立劳动关系，对完成本单位的工作任务造成严重影响，或者经用人单位提出，拒不改正的；

（五）因本法第二十六条第一款第一项规定的情形致使劳动合同无效的；

（六）被依法追究刑事责任的。

《中华人民共和国妇女权益保障法》

第二十三条　禁止违背妇女意愿，以言语、文字、图像、肢体行为等方式对其实施性骚扰。

受害妇女可以向有关单位和国家机关投诉。接到投诉的有关单位和国家机关应当及时处理，并书面告知处理结果。

受害妇女可以向公安机关报案，也可以向人民法院提起民事诉讼，依法请求行为人承担民事责任。

《女职工劳动保护特别规定》

第十一条 在劳动场所，用人单位应当预防和制止对女职工的性骚扰。

055 上班时间多次浏览与工作无关网站，用人单位能否以此为由解除劳动关系？

基本案情

刘某于2020年3月入职某保险公司，担任行政经理。双方签订《劳动合同书》，约定合同期限自2020年3月起至2023年4月止。《劳动合同书》明确约定："员工存在严重违纪情形的，某保险公司有权解除劳动合同，严重违纪情形包括……（10）一个月内上班时间浏览与工作无关的网站三次及以上。"

2022年9月25日，某保险公司向刘某发出了《严重违纪通知书》，告知刘某"经公司抽查，发现在2022年7月上班期间，你存在多次长时间用手机浏览与工作无关网站的行为。依照双方签署的劳动合同约定，上述行为已经构成严重违纪"。

同年9月30日，某保险公司再次向刘某发出《解除劳动合同通知书》，内容载明："由于你上班期间存在多次长时间用手机浏览与工作无关的网站，严重违反公司规章纪律，现根据《劳动合同书》及相关法律法规的规定，决定于2022年9月30日解除与你签订的劳动合同。”

刘某向当地劳动人事争议仲裁委员会申请劳动仲裁，请求继续履行原固定期限劳动合同并且赔偿其在仲裁期间的工资收入损失。

争议焦点

刘某与某保险公司签订的《劳动合同书》是否能够作为裁判依据？某保险公司以此为由解除劳动关系是否符合法律规定？

律师解说

劳动合同是指劳动者与用人单位之间确立劳动关系，明确双方权利和义务的协议。因法律并未禁止在劳动合同中约定解除劳动合同的条款，故只要约定内容不违反法律、行政法规的强制性规定，劳动合同依法订立即具有法律约束力，当事人必须履行劳动合同规定的义务。

本案中，刘某与某保险公司签订的《劳动合同书》系双方在平等协商基础上作出的真实意思表示，经双方协商一致约定在1个月内，上班时间浏览与工作无关的网站达3次以上属于严重违纪，用人单位可以据此解除劳动合同，并不违反法律、行政法规的强制性规定，对双方具有法律约束力。因刘某在上班时间内多次长时间浏览与工作无关网站，属于严重违纪，违反了《劳动合同书》的约定，故某保险公司有权根据《劳动合同书》的约定解除双方劳动关系。

法律规定

《中华人民共和国劳动合同法》

第三条　订立劳动合同，应当遵循合法、公平、平等自愿、协商一致、诚实信用的原则。

依法订立的劳动合同具有约束力，用人单位与劳动者应当履行劳动合同约定的义务。

第三十九条　劳动者有下列情形之一的，用人单位可以解除劳动合同：

（一）在试用期间被证明不符合录用条件的；

（二）严重违反用人单位的规章制度的；

（三）严重失职，营私舞弊，给用人单位造成重大损害的；

（四）劳动者同时与其他用人单位建立劳动关系，对完成本单位的工作任务造成严重影响，或者经用人单位提出，拒不改正的；

（五）因本法第二十六条第一款第一项规定的情形致使劳动合同无效的；

（六）被依法追究刑事责任的。

056 劳动者违反诚信原则，用人单位有权依法解除劳动合同吗？

基本案情

张某为某物业管理有限公司员工。该公司《员工手册》载明“员工应当遵守诚信原则，向公司提供的材料与表述均应具有真实性，若通过提交虚假材料或虚假表述欺骗公司，严重违背诚信原则的，公司有权解除劳动关系”。2018 年 8 月 25 日至 26 日张某称病未至公司工作，并向公司提交了医院出具的病假单，期限分别为 8 月 29 日至 9 月 2 日、9 月 3 日至 9 月 13 日。

2018 年 9 月 13 日，张某在其个人社交账户中发布了自己在加拿大旅游的照片。公司经调查发现，张某曾于 2018 年 8 月 26 日出境前往加拿大，直至 9 月 13 日才入境回国。张某称其原因是前往境外就医，病假单由他人代诊开具，但并未提供证据证明。2018 年 9 月 14 日，某物业管理有限公司向张某出具《关于与张某解除劳动关系的通报》，理由是张某病假期间并非真的在休病假，恶意欺骗公司，严重有违诚信，已经违反公司《员工手册》的规定，对公司运营管理造成了不良影响，因此对张某作出解聘处理，双方劳动关系于 2018 年 9 月 14 日解除。张某因此与某物业管理有限公司发生争议。

争议焦点

张某是否属于虚构病假事由？某物业管理有限公司基于此与张某解除劳动合同是否于法有据？

律师解说

根据《中华人民共和国劳动合同法》的规定，订立劳动合同，应当遵循合法、公平、平等自愿、协商一致、诚实信用的原则。诚实信用是劳动合同法所确立的基本原则之一，用人单位与劳动者在履行劳动合同过程中均应当予以遵循。虽然有些劳动合同中并未明确约定该原则，但作为劳动合同的附随义务，劳动者和用人单位在劳动合同履行的过程中均应自觉遵守。如果劳动者严重违反诚实信用原则，给用人单位造成损失或者有违用人单位劳动纪律的，用人单位可以基于该原则解除与劳动者的劳动合同。

本案中，张某于 2018 年 8 月 26 日出境前往加拿大，直至 9 月 13 日才入境回国，却向某物业管理有限公司提交了病假期限分别为 2018 年 8 月 29 日至 9 月 2 日、2018 年 9 月 3 日至 9 月 13 日的病假单。张某声称该两份病假单是由他人代诊开具，不但有违日常生活经验，也与医生职业规范不符，因此张某请休病假的合法有效性难以确认。张某主张其出境是为了境外就医，并未提供证据予以证明，也和生活常理相违背，张某的行为属于“以病假之名，行非病休之实”，张某蓄意隐瞒、欺骗公司的行为严重违反了《员工手册》中关于诚信原则的规定，公司以张某严重违反公司规章制度为由解除劳动合同的做法符合法律规定，不需要向张某支付违法解除劳动合同赔偿金。

法律规定

《中华人民共和国劳动合同法》

第三条 订立劳动合同，应当遵循合法、公平、平等自愿、协商一致、诚实信用的原则。

依法订立的劳动合同具有约束力，用人单位与劳动者应当履行劳动合同约定的义务。

第三十九条 劳动者有下列情形之一的，用人单位可以解除劳动合同：

（一）在试用期间被证明不符合录用条件的；

（二）严重违反用人单位的规章制度的；

（三）严重失职，营私舞弊，给用人单位造成重大损害的；

（四）劳动者同时与其他用人单位建立劳动关系，对完成本单位的工作任务造成严重影响，或者经用人单位提出，拒不改正的；

（五）因本法第二十六条第一款第一项规定的情形致使劳动合同无效的；

（六）被依法追究刑事责任的。

057 员工违反公司的规章制度，公司就能直接开除员工吗？

基本案情

邓某于2012年5月入职某公司从事打磨化洗工作。2017年1月，某公司经民主议定程序制定并通过了《劳动合同管理制度》，该管理制度中第5条规定，“员工有下列情况的，公司可以解除与其签订的劳动合同”。其中e款规定“未经允许禁止从事非本岗位工作以外其他生产经营活动”，f款规定“以任何形式对公司及公司领导进行威胁”，g款规定“在工作期间未经允许离开自己的工作岗位”。《劳动合同管理制度》已向邓某在内的劳动者进行了公示和宣传。

2020年8月，邓某为了帮助儿子销售玉石，通过拨打电话和发短信的方式向公司董事长销售玉石，短信内容言语不当。之后邓某所在的车间主任及法务人员劝邓某自动离职，邓某表示如果某公司想与其解除劳动合同，应当向其支付经济补偿20万元。公司不同意，之后邓某也再未到某公司上班。

当月月底，某公司以邓某违反《劳动合同管理制度》的规定为由，向邓某寄送了《解除劳动合同通知书》，通知书载明："由于你在工作时间销售工艺品，违反了公司管理规定，公司经研究决定，于2020年8月与你解除劳动关系，望你在接到本通知后，尽快到公司办理离职手续。"邓某不服，提起劳动仲裁。

争议焦点

某公司以邓某违反公司《劳动合同管理制度》为由与其解除劳动合同，合法吗？

律师解说

《最高人民法院关于审理劳动争议案件适用法律问题的解释（一）》第五十条第一款规定："用人单位根据劳动合同法第四条规定，通过民主程序制定的规章制度，不违反国家法律、行政法规及政策规定，并已向劳动者公示的，可以作为确定双方权利义务的依据。"

本案中，某公司的《劳动合同管理制度》经民主议定程序制定且已向劳动者进行了公示和宣传，可以作为确定双方权利义务的依据。虽然某公司《劳动合同管理制度》第5条e、f、g条款规定了可以解除劳动合同的情形，但该规定的"生产经营活动""任何形式进行威胁""离开自己的岗位"范围较广，概念模糊，不宜直接据此变相赋予某公司任意解除与劳动者的劳动合同的权利。且邓某虽存在向公司领导强行推销玉石的行为，方法不当，但不能认定其在工作岗位从事生产经营活动，因此某公司根据《劳动合同管理制度》解除与邓某的劳动关系，缺少事实与法律依据，属于违法解除劳动合同。

法律规定

《最高人民法院关于审理劳动争议案件适用法律问题的解释（一）》

第五十条　用人单位根据劳动合同法第四条规定，通过民主程序制定的规章制度，不违反国家法律、行政法规及政策规定，并已向劳动者公示的，可以作为确定双方权利义务的依据。

用人单位制定的内部规章制度与集体合同或者劳动合同约定的内容不一致，劳动者请求优先适用合同约定的，人民法院应予支持。

058 劳动者与其他用人单位建立劳动关系，用人单位能否解除劳动合同？

基本案情

2008年1月至2020年2月，王某在某公司工作，且该期间某公司一直依法为王某缴纳社会保险费。2020年3月，受新冠疫情影响，某公司暂时停工，并通知王某待岗，待岗期间月工资为900元，不足以支持王某的日常生活，故王某至当地一家银行从事保安工作。新冠疫情状况有所缓解后，某公司工作人员便以电话、短信等方式通知王某返岗上班，但王某均未返岗。此后，某公司工作人员经了解王某在银行从事保安工作，遂前往银行现场要求王某返岗，亦被王某拒绝。2020年8月，某公司向王某发出解除劳动合同的通知，通知载明："因你与其他单位建立劳动关系，公司多次以电话、短信等方式发出通知要求你回公司上班，但你拒不改正，并拒绝返岗，故公司决定解除与你的劳动合同。"王某收到通知后，当场表示不服，便向当地劳动人事争议仲裁委员申请劳动仲裁，要求某公司支付违法解除劳动合同赔偿金。

争议焦点

王某与其他用人单位建立劳动关系，某公司能否以此为由解除劳动合同？

律师解说

依据《中华人民共和国劳动合同法》第三十九条第四项规定，劳动者同时与其他用人单位建立劳动关系具备以下情形之一的，用人单位可以解除劳动合同：（1）对完成本单位的工作任务造成严重影响的；（2）经用人单位提出，拒不改正的。本案中，某公司安排王某待岗，但每月发放的待岗工资不足以支持王某的日常生活，故王某至银行从事保安工作，具有正当性。然而王某在某公司多次要求其返岗的情况下，拒绝返岗，属于《中华人民共和国劳动合同法》第三十九条第四项规定的“经用人单位提出，拒不改正”的情形，某公司有权解除劳动合同，且无须向王某支付经济补偿或赔偿金。

法律规定

《中华人民共和国劳动合同法》

第三十九条 劳动者有下列情形之一的，用人单位可以解除劳动合同：

（一）在试用期间被证明不符合录用条件的；

（二）严重违反用人单位的规章制度的；

（三）严重失职，营私舞弊，给用人单位造成重大损害的；

（四）劳动者同时与其他用人单位建立劳动关系，对完成本单位的工作任务造成严重影响，或者经用人单位提出，拒不改正的；

（五）因本法第二十六条第一款第一项规定的情形致使劳动合同无效的；

（六）被依法追究刑事责任的。

059 劳动者发生工伤，用人单位能否解除劳动合同？

基本案情

潘某为某建筑公司职工，双方于2010年9月签订固定期限劳动合同，后于2013年9月续签无固定期限劳动合同。2023年5月，潘某于工作过程中遭遇事故，发生工伤，经劳动能力鉴定为伤残五级。潘某发生工伤后，2023年9月，某建筑公司向潘某发出《解除劳动合同通知书》，以客观情况发生变化为由，依据《中华人民共和国劳动合同法》第四十条第三项规定，向潘某额外支付了1个月工资之后，解除了双方之间的劳动合同。此后，潘某向当地劳动人事争议仲裁委员会申请仲裁，请求某建筑公司支付违法解除劳动合同的赔偿金。

争议焦点

潘某发生工伤，某建筑公司能否解除劳动合同？

律师解说

依据《中华人民共和国劳动合同法》第四十二条第二项的规定，“劳动者有下列情形之一的，用人单位不得依照本法第四十条、第四十一条的规定解除劳动合同……（二）在本单位患职业病或者因工负伤并被确认丧失或者部分丧失劳动能力的”。《工伤保险条例》第三十四条对此有着更为具体的规定，职工因工致残被鉴定为五级、六级伤残的，用人单位应当保留劳动关系。本案中，潘某系工伤职工且经鉴定后伤残等级达到五级，符合《工伤保险条例》第三十四条规定的情形，某建筑公司应继续保留劳动关系。某建筑公司依据《中华人民共和国劳动合同法》第四十条第三项提出解除双方劳动合同，违反前述法律规定，属于违法解除劳动合同，应向潘某支付赔偿金。

法律规定

《中华人民共和国劳动合同法》

第四十二条　劳动者有下列情形之一的，用人单位不得依照本法第四十条、第四十一条的规定解除劳动合同：

（一）从事接触职业病危害作业的劳动者未进行离岗前职业健康检查，或者疑似职业病病人在诊断或者医学观察期间的；

（二）在本单位患职业病或者因工负伤并被确认丧失或者部分丧失劳动能力的；

（三）患病或者非因工负伤，在规定的医疗期内的；

（四）女职工在孕期、产期、哺乳期的；

（五）在本单位连续工作满十五年，且距法定退休年龄不足五年的；

（六）法律、行政法规规定的其他情形。

《工伤保险条例》

第三十六条　职工因工致残被鉴定为五级、六级伤残的，享受以下待遇：

（一）从工伤保险基金按伤残等级支付一次性伤残补助金，标准为：五级伤残为18个月的本人工资，六级伤残为16个月的本人工资；

（二）保留与用人单位的劳动关系，由用人单位安排适当工作。难以安排工作的，由用人单位按月发给伤残津贴，标准为：五级伤残为本人工资的70%，六级伤残为本人工资的60%，并由用人单位按照规定为其缴纳应缴纳的各项社会保险费。伤残津贴实际金额低于当地最低工资标准的，由用人单位补足差额。

经工伤职工本人提出，该职工可以与用人单位解除或者终止劳动关系，由工伤保险基金支付一次性工伤医疗补助金，由用人单位支付一次性伤残就业补助金。一次性工伤医疗补助金和一次性伤残就业补助金的具体标准由省、自治区、直辖市人民政府规定。

060 劳动者因工负伤部分丧失劳动能力，用人单位能否解除劳动合同？

基本案情

2020 年 5 月 12 日，董某入职某工厂。双方签订了为期 3 年的劳动合同，约定董某负责玻璃及玻璃制品的生产加工，每月工资 10000 元。2021 年 7 月 14 日，董某下班回家途中发生交通事故，在该市共住院治疗 83 天。2021 年 10 月 15 日，该市人力资源和社会保障局作出认定工伤决定书，认定董某所受事故伤害为工伤。2021 年 10 月 20 日，该市劳动能力鉴定委员会作出初次鉴定结论书，鉴定董某构成八级伤残并部分丧失劳动能力。随后，某工厂以董某部分丧失劳动能力无法胜任工作为由，以书面形式通知董某解除劳动合同。董某不服，认为某工厂属于违法解除劳动合同，要求某工厂恢复劳动关系，继续履行劳动合同，但某工厂并未同意董某的要求。2021 年 11 月，董某申请劳动仲裁，要求恢复劳动关系，继续履行合同。

争议焦点

董某因工负伤且部分丧失劳动能力，某工厂能否解除劳动合同？

律师解说

《中华人民共和国劳动法》第二十九条与《中华人民共和国劳动合同法》第四十二条分别规定了用人单位不得解除劳动合同的情形，其中均明确规定用人单位不得在员工因工负伤并被确认部分丧失劳动能力的情形下解除劳动合同。

本案中，董某因工负伤并被确认部分丧失劳动能力，某工厂直接以董某不能胜任工作为由与董某解除合同的行为与法律法规相悖，故董某有权要求某工厂恢复劳动关系。在董某回到某工厂后，某工厂可以根据董某的身体情况安排其现阶段可以胜任的工作（如门卫、收发员等），或者可以与董某进行协商解除劳动合同，而不能直接将其解聘。

法律规定

《中华人民共和国劳动法》

第二十九条　劳动者有下列情形之一的，用人单位不得依据本法第二十六条、第二十七条的规定解除劳动合同：

（一）患职业病或者因工负伤并被确认丧失或者部分丧失劳动能力的；

（二）患病或者负伤，在规定的医疗期内的；

（三）女职工在孕期、产期、哺乳期内的；

（四）法律、行政法规规定的其他情形。

《中华人民共和国劳动合同法》

第四十二条 劳动者有下列情形之一的，用人单位不得依照本法第四十条、第四十一条的规定解除劳动合同：

（一）从事接触职业病危害作业的劳动者未进行离岗前职业健康检查，或者疑似职业病病人在诊断或者医学观察期间的；

（二）在本单位患职业病或者因工负伤并被确认丧失或者部分丧失劳动能力的；

（三）患病或者非因工负伤，在规定的医疗期内的；

（四）女职工在孕期、产期、哺乳期的；

（五）在本单位连续工作满十五年，且距法定退休年龄不足五年的；

（六）法律、行政法规规定的其他情形。

第四十八条 用人单位违反本法规定解除或者终止劳动合同，劳动者要求继续履行劳动合同的，用人单位应当继续履行；劳动者不要求继续履行劳动合同或者劳动合同已经不能继续履行的，用人单位应当依照本法第八十七条规定支付赔偿金。

061 员工以公司搬迁为由解除劳动合同，用人单位是否应当支付经济补偿？

基本案情

邓某于2003年进入某公司工作，双方于2017年7月签订最后一份劳动合同，约定邓某的岗位为初级管理人员，合同期限为2017年8月至2020年7月，合同中未对工作地点进行明确约定。

2020年1月，因政府规划调整生产用地，某公司计划将工厂从厦门市湖里区搬迁至同安区，召开员工大会，征询员工意见，表示希望搬迁方案能够得到员工支持。为最大限度减少因工厂搬迁给员工带来的不便，公司为员工提供免费班车服务，班车没有经过的地方，愿意为员工提供交通补贴。邓某等人住在湖里区，觉得搬迁之后每天要早起半个小时，对此感到不满，之后采取集体停工的形式表达抗议。

2020年2月，某公司张贴《公告》，强调凡是出现旷工、怠工等情况，将会依照具体情形对旷工、怠工人员给予警告、降级直至开除等处分，旷工、怠工期间的工资将不予发放并依法追究相应的法律责任，以此要求员工立即回到各自工作岗位。

邓某等人在知晓《公告》内容后仍未返岗复工，认为其在湖里区已经工作超过10年，默认的工作地址就是湖里区，某公司搬迁，属于工作地点变更，违反了劳动合同的约定，便向某公司送达《解除劳动合同通知书》，通知与某公司解除劳动合同，并要求某公司支付经济补偿。

争议焦点

邓某等人以公司搬迁为由解除劳动合同，某公司是否需要支付解除劳动合同的经济补偿？

律师解说

《厦门市中级人民法院　厦门市劳动争议仲裁委员会关于贯彻实施〈中华人民共和国劳动合同法〉、〈中华人民共和国劳动争议调解仲裁法〉的指导意见》第二十三条规定：“用人单位变更名称、法定代表人、主要负责人、投资人或成建制于本市行政区域内搬迁的，不影响劳动合同的履行，劳动者的工作年限应连续计算。劳动者以上述变更为由要求解除劳动关系并由用人单位或投资人支付经济补偿金的，不予支持。用人单位成建制地搬迁出厦门市，劳动者要求解除劳动合同并要求用人单位支付经济补偿金的，可以支持。但迁入地符合劳动合同约定的工作地点的除外。”

本案中，某公司因政府调整生产用地进行搬迁，属于劳动合同订立时所依据的客观情况发生重大变化。某公司与邓某双方在劳动合同中虽然没有明确约定工作地点，但某公司的搬迁属于在本市行政区域内的搬迁，并未对劳动者造成明显的影响。同时，某公司采取了向劳动者提供班车、交通补贴等合理的弥补措施，某公司的搬迁行为并未致使劳动合同无法履行，邓某解除劳动合同理由不充分，故某公司无须支付解除劳动合同的经济补偿。

法律规定

《中华人民共和国劳动合同法》

第四十条　有下列情形之一的，用人单位提前三十日以书面形式通知劳动者本人或者额外支付劳动者一个月工资后，可以解除劳动合同：

（一）劳动者患病或者非因工负伤，在规定的医疗期满后不能从事原工作，也不能从事由用人单位另行安排的工作的；

（二）劳动者不能胜任工作，经过培训或者调整工作岗位，仍不能胜任工作的；

（三）劳动合同订立时所依据的客观情况发生重大变化，致使劳动合同无法履行，经用人单位与劳动者协商，未能就变更劳动合同内容达成协议的。

《厦门市中级人民法院　厦门市劳动争议仲裁委员会关于贯彻实施〈中华人民共和国劳动合同法〉、〈中华人民共和国劳动争议调解仲裁法〉的指导意见》

第二十三条　用人单位变更名称、法定代表人、主要负责人、投资人或成建制于本市行政区域内搬迁的，不影响劳动合同的履行，劳动者的工作年限应连续计算。劳动者以上述变更为由要求解除劳动关系并由用人单位或投资人支付经济补偿金的，不予支持。

用人单位成建制地搬迁出厦门市，劳动者要求解除劳动合同并要求用人单位支付经济补偿金的，可以支持。但迁入地符合劳动合同约定的工作地点的除外。

062 用人单位实施经济性裁员的法定程序有哪些？

基本案情

林某于2005年9月16日入职厦门某公司。经过多年的生产经营，截至2023年9月16日，某公司共有员工50余名。同年，某公司因生产经营发生亏损，决定裁减包括林某在内的6名员工。2023年9月17日，某公司向包括林某在内的6名员工送达了《裁员通知》。《裁员通知》记载："因公司生产经营发生亏损，共有6名员工被裁员，被裁员员工应于收到通知后一周内与公司办理解除劳动关系手续。"在实施该裁员方案之前，某公司既未听取该6名员工的意见，也未将方案报备给当地人力资源和社会保障局。因意外被某公司裁员，林某感觉遭受不公平对待，故向当地劳动人事争议仲裁委员会提起仲裁，要求确认某公司裁员的行为构成违法解除劳动合同，并要求某公司支付违法解除劳动合同赔偿金。

争议焦点

某公司对林某实施经济性裁员是否构成违法解除劳动合同？

律师解说

经济性裁员是用人单位为了保护自己在市场经济中的竞争力和生存能力，通过一次性辞退部分劳动者以改善生产经营状况的一种手段。由于经济性裁员涉及劳动者的切身利益，对社会的稳定也有一定的影响，所以，法律在程序上对此作了严格的限制。

本案中，某公司共有员工 50 余名，对林某在内的 6 名进行裁员，已经达到裁减该公司 10% 以上职工的情形，属于经济性裁员。按照《中华人民共和国劳动合同法》第四十一条的规定，某公司需要提前 30 日向工会或全体职工说明情况，在听取工会或职工的意见且向劳动行政部门报告裁员方案后方可进行裁员。然而某公司在对林某等 6 名员工实施经济性裁员时，不仅未听取包括林某等员工在内的员工意见、公司工会意见，且未将方案报备给当地人力资源和社会保障局，程序上已经违反上述法定规定，故某公司对林某等 6 名员工实施经济性裁员的行为构成违法解除劳动合同，应当支付赔偿金。

法律规定

《中华人民共和国劳动合同法》

第四十一条　有下列情形之一，需要裁减人员二十人以上或者裁减不足二十人但占企业职工总数百分之十以上的，用人单位提前三十日向工会或者全体职工说明情况，听取工会或者职工的意见后，裁减人员方案经向劳动行政部门报告，可以裁减人员：

（一）依照企业破产法规定进行重整的；

（二）生产经营发生严重困难的；

（三）企业转产、重大技术革新或者经营方式调整，经变更劳动合同后，仍需裁减人员的；

（四）其他因劳动合同订立时所依据的客观经济情况发生重大变化，致使劳动合同无法履行的。

裁减人员时，应当优先留用下列人员：

（一）与本单位订立较长期限的固定期限劳动合同的；

（二）与本单位订立无固定期限劳动合同的；

（三）家庭无其他就业人员，有需要扶养的老人或者未成年人的。

用人单位依照本条第一款规定裁减人员，在六个月内重新招用人员的，应当通知被裁减的人员，并在同等条件下优先招用被裁减的人员。

《福建省企业经济性裁减人员实施办法》

第三条　用人单位依照本实施办法第二条规定裁减人员，且单次裁减人员二十人以上或者裁减不足二十人但占企业职工总数百分之十以上的，应按下列程序进行：

（一）制定裁减人员方案，内容包括：裁减对象，裁减时间及实施步骤，被裁减人员经济补偿办法和社会保险缴纳情况等；

（二）提前三十日向工会或者全体职工说明情况，将裁减人员方案征求工会或者全体职工的意见，听取工会或者职工的意见；

（三）向当地劳动行政部门报告裁减人员方案，并听取劳动行政部门的意见，根据劳动行政部门的意见，对裁员方案进行修改后，正式公布；

（四）组织实施裁减人员方案，用人单位按照有关规定向被裁减人员支付经济补偿，为被裁减人员办理解除劳动合同手续，出具裁减人员证明书，并在十五日内为被裁减人员办理档案和社会保险关系转移手续。

063 解除劳动合同通知书应如何载明解除理由？

基本案情

2022 年 7 月，孙某入职某快递公司从事邮件收派工作。双方约定，若孙某严重违反某快递公司的劳动纪律或规章制度的，公司有权解除劳动合同且不承担经济补偿。某快递公司经过民主程序制定的《公司奖励与处罚管理规定》规定："员工上班应通过刷卡方式考勤，连续旷工 3 天及以上的，公司有权对其解除合同、永不录用；员工应穿着公司统一发放的工作服。"某快递公司在入职培训中向孙某宣讲了《公司奖励与处罚管理规定》的有关内容，孙某签字表示确认。2022 年 9 月至 10 月，孙某多次在工作时间内未穿工作服、代他人刷考勤卡以及在单位公共平台留言辱骂公司主管，上述行为均违反了某快递公司的《公司奖励与处罚管理规定》，多部门负责人据此共同对孙某作出扣分、降低绩效工资的处罚，并重新安排孙某从事收银员工作。

2023 年 10 月 17 日，某快递公司以孙某连续旷工 4 天违反《公司奖励与处罚管理规定》为由向孙某出具解除劳动合同通知书，但未能提供相应证据加以证明。孙某认为某快递公司构成违法解除劳动合同，应当向其支付赔偿金。某快递公司则认为孙某先前在工作期间多次未穿工作服、代他人刷考勤卡等行为均已严重违反公司规章制度，公司有权解除劳动合同。

争议焦点

某快递公司解除与孙某的劳动合同是否构成违法解除？

律师解说

根据《中华人民共和国劳动合同法》第三十九条的规定，对于严重违反用人单位规章制度的劳动者，用人单位有权解除劳动关系，但应当在解除劳动合同时明确告知劳动者解除劳动合同的事实和理由，以便劳动者维护自身合法权益。因此，在判断劳动者行为是否违反用人单位规章制度时，应当依据解除劳动合同通知书载明的事实与理由进行考察。本案中，某快递公司以孙某旷工 4 天严重违反公司规章制度为由与孙某解除劳动关系，说明用人单位解除劳动合同的理由是孙某旷工，依据的是《公司奖励与处罚管理规定》中关于旷工的处分规定。虽然孙某在工作期间存在未穿工作服、代他人刷考勤卡等其他违纪行为，但某快递公司在明知孙某存在上述违纪行为的情况下，未提出解除劳动合同，在本次解除劳动合同通知书中也未提到相关违纪行为，先前孙某的违纪行为与某快递公司本次解除劳动合同的行为无关。同时，根据《最高人民法院关于审理劳动争议案件适用法律问题的解释（一）》第四十四条的规定，用人单位应当对存在解除劳动合同的法定事由承担举证责任。本案中，某快递公司以旷工为由解除劳动合同，应当举证证明孙某存在旷工事实，其举证不能，应当承担不利后果，向孙某支付违法解除劳动合同的赔偿金。

法律规定

《中华人民共和国劳动合同法》

第三十九条　劳动者有下列情形之一的，用人单位可以解除劳动合同：

（一）在试用期间被证明不符合录用条件的；

（二）严重违反用人单位的规章制度的；

（三）严重失职，营私舞弊，给用人单位造成重大损害的；

（四）劳动者同时与其他用人单位建立劳动关系，对完成本单位的工作任务造成严重影响，或者经用人单位提出，拒不改正的；

（五）因本法第二十六条第一款第一项规定的情形致使劳动合同无效的；

（六）被依法追究刑事责任的。

《最高人民法院关于审理劳动争议案件适用法律问题的解释（一）》

第四十四条　因用人单位作出的开除、除名、辞退、解除劳动合同、减少劳动报酬、计算劳动者工作年限等决定而发生的劳动争议，用人单位负举证责任。

064 用人单位单方解除劳动合同时需要事先通知工会吗？

基本案情

范某于2019年5月入职某驾校，担任教练岗位，双方签订了书面劳动合同，约定如范某有违反《驾校九不准》、被公检法机关追究刑事责任等情形的，某驾校有权单方解除劳动合同，并不支付任何经济补偿或赔偿金。

2022年9月，某驾校发现范某多次向学员索取钱财，违反《驾校九不准》规定，并以此为由于2022年9月18日作出了解除与范某之间劳动关系的决定。范某对此不服，认为某驾校行使单方解除劳动合同权利时并未事先通知工会，构成违法解除劳动关系，故向当地劳动人事争议仲裁委员会申请仲裁，要求某驾校支付违法解除劳动关系的赔偿金。某驾校则认为双方在劳动合同中明确约定范某违反《驾校九不准》的，其有权单方解除劳动合同，故不需要通知工会。

争议焦点

某驾校在未通知工会的情况下直接与范某解除劳动合同是否符合法律规定?

律师解说

依据《中华人民共和国劳动合同法》第四十三条与《中华人民共和国工会法》第二十二条的规定,用人单位单方解除劳动合同时应当事先通知工会,征求工会意见。本案中,尽管范某确实存在违反某驾校规章制度向学员私自收取费用的情形,但某驾校在解除劳动合同之前还是应当将理由事先通知工会,某驾校在未通知工会的情况下解除劳动合同属于违法解除劳动关系。并且依据《最高人民法院关于审理劳动争议案件适用法律问题的解释(一)》第四十七条的规定,某驾校在范某起诉前仍未补正相关程序,其应当向范某支付赔偿金。

法律规定

《中华人民共和国劳动合同法》

第四十三条 用人单位单方解除劳动合同,应当事先将理由通知工会。用人单位违反法律、行政法规规定或者劳动合同约定的,工会有权要求用人单位纠正。用人单位应当研究工会的意见，并将处理结果书面通知工会。

《中华人民共和国工会法》

第二十二条 企业、事业单位、社会组织处分职工，工会认为不适当的，有权提出意见。

用人单位单方面解除职工劳动合同时，应当事先将理由通知工会，工会认为用人单位违反法律、法规和有关合同，要求重新研究处理时，用人单位应当研究工会的意见，并将处理结果书面通知工会。

职工认为用人单位侵犯其劳动权益而申请劳动争议仲裁或者向人民法院提起诉讼的，工会应当给予支持和帮助。

《最高人民法院关于审理劳动争议案件适用法律问题的解释（一）》

第四十七条 建立了工会组织的用人单位解除劳动合同符合劳动合同法第三十九条、第四十条规定，但未按照劳动合同法第四十三条规定事先通知工会，劳动者以用人单位违法解除劳动合同为由请求用人单位支付赔偿金的，人民法院应予支持，但起诉前用人单位已经补正有关程序的除外。

065 用人单位未及时开具《离职证明》造成劳动者利益受损，是否需要承担赔偿责任?

基本案情

2018 年 10 月高某入职某电器公司担任售后人员，双方签订了为期 3 年的书面劳动合同。劳动合同到期后，因高某拒绝续签劳动合同，某电器公司于 2021 年 10 月终止与高某的劳动合同并要求高某办理离职手续。高某离职后多次向某电器公司要求开具《离职证明》，但某电器公司拒不出具。其间高某曾两次应聘新公司成功，但均因为缺少原公司开具的《离职证明》而无法办理入职手续。因某电器公司拒绝出具《离职证明》导致高某 2021 年 10 月至 2022 年 6 月无法就业，产生了一定的经济损失，故高某向当地劳动人事争议仲裁委员会申请仲裁，要求某电器公司赔偿无法就业期间产生的损失。

争议焦点

因拒绝出具《离职证明》导致高某无法及时就业，某公司是否应当承担损害赔偿责任？

律师解说

依据《中华人民共和国劳动合同法》第五十条及《中华人民共和国劳动合同法》第八十九条的规定，出具解除或者终止劳动合同的证明是用人单位的法定义务，用人单位不仅应当在解除或者终止劳动合同时出具解除或终止劳动合同的证明，且应当承担因未向劳动者出具解除或终止劳动合同的书面证明给劳动者造成损害的赔偿责任。本案中，某电器公司与高某已于 2021 年 10 月终止劳动合同，故某电器公司应在与高某终止劳动合同时出具终止劳动合同的证明。但某电器公司未及时出具《离职证明》，导致高某错失两次入职新公司的机会，某电器公司的行为给高某造成了实际损失，应当承担赔偿责任，具体赔偿数额应当按照高某延误入职的时间以及某电器公司的过错程度综合进行认定。

法律规定

《中华人民共和国劳动合同法》

第五十条　用人单位应当在解除或者终止劳动合同时出具解除或者终止劳动合同的证明，并在十五日内为劳动者办理档案和社会保险关系转移手续。

劳动者应当按照双方约定，办理工作交接。用人单位依照本法有关规定应当向劳动者支付经济补偿的，在办结工作交接时支付。

用人单位对已经解除或者终止的劳动合同的文本，至少保存二年备查。

第八十九条　用人单位违反本法规定未向劳动者出具解除或者终止劳动合同的书面证明，由劳动行政部门责令改正；给劳动者造成损害的，应当承担赔偿责任。

066 用人单位开具的《离职证明》应载明哪些内容？

基本案情

康某于2022年7月入职某科技公司担任Web前端开发师，双方签订了为期3年的书面劳动合同。康某入职1年后因个人原因向某科技公司提出离职。康某离职之后，某科技公司向其出具《离职证明》，其中载明："康某与某公司于2023年8月18日解除劳动关系。原因：康某在服务期未满前单方申请离职，违反诚信原则，缺乏责任担当与职业道德。"此后，康某多次要求某科技公司重新出具《离职证明》，均遭到某科技公司拒绝。双方协商无果，康某随后向当地劳动人事争议仲裁委员会申请仲裁，要求重新出具《离职证明》。

争议焦点

某科技公司出具的《离职证明》的内容是否符合法律规定？

律师解说

解除劳动合同证明是劳动者与用人单位劳动关系结束时，用人单位向劳动者出具的、用以证明劳动者工作经历的书面证明材料，方便劳动者再就业或享受社会保障权利。依据《中华人民共和国劳动合同法》第五十条第一款以及《中华人民共和国劳动合同法实施条例》第二十四条的规定，用人单位与劳动者解除或终止劳动关系时，负有按照法定内容向劳动者出具解除或终止劳动合同证明的义务。本案中，某科技公司在《离职证明》中载明解除劳动关系的原因是康某违背诚信原则，缺少责任担当与职业道德等内容系用人单位向劳动者出具不利于劳动者的主观性评价。这一内容不仅超出了法律规定的事项范围，而且很可能会对康某重新就业产生不利影响。因此，某科技公司出具的《离职证明》不符合法律规定，某科技公司应当重新向康某出具符合法律规定的解除劳动合同证明。

法律规定

《中华人民共和国劳动合同法》

第五十条　用人单位应当在解除或者终止劳动合同时出具解除或者终止劳动合同的证明，并在十五日内为劳动者办理档案和社会保险关系转移手续。

劳动者应当按照双方约定，办理工作交接。用人单位依照本法有关规定应当向劳动者支付经济补偿的，在办结工作交接时支付。

用人单位对已经解除或者终止的劳动合同的文本，至少保存二年备查。

《中华人民共和国劳动合同法实施条例》

第二十四条 用人单位出具的解除、终止劳动合同的证明，应当写明劳动合同期限、解除或者终止劳动合同的日期、工作岗位、在本单位的工作年限。

第三章

薪酬与福利

第一节　薪　　酬

067 口头约定月工资与劳动合同记载不一致时如何认定？

基本案情

严某于2023年7月22日入职厦门某外贸公司，担任仓库管理员职位。入职后，双方签订劳动合同，约定劳动期限为2023年7月22日至2025年7月21日，试用期两个月，试用期月工资2030元，试用期满后月工资3000元，加班加点工资计算基数为2030元。试用期间，某外贸公司按照劳动合同约定的工资标准向严某支付了工资，且严某未提出异议。试用期结束后，某外贸公司决定不予录用严某。之后，严某认为某公司存在未按照约定标准支付工资的行为，要求某外贸公司补发工资，为此双方发生争议。

其中，严某认为其与某外贸公司口头协商每月工资保底3800元、加班加点工资另外计算，且其曾在签订劳动合同时对劳动合同约定的工资提出过异议，但因某外贸公司人事解释劳动合同仅是给劳动局看的，实际工资仍按口头协商确定，故其才在劳动合同上签名。

某外贸公司则主张，双方从未口头协商每月工资保底3800元，且某外贸公司向严某支付的工资均系按照双方签订的劳动合同约定的工资结算的，严某从未提出异议，故严某要求补发工资没有依据。

争议焦点

当严某与某外贸公司口头约定的工资与劳动合同记载的工资数额不一致时，如何认定严某的月工资？

律师解说

根据《中华人民共和国劳动合同法》第三条及第十六条规定，劳动合同经用人单位与劳动者在劳动合同文本上签字或盖章生效，对双方具有约束力。本案中，通过某外贸公司向严某发放工资的行为可知，某外贸公司系按照双方签订的劳动合同约定的试用期工资标准向严某支付月工资。如严某无法证明案涉劳动合同属于某外贸公司通过实施欺诈行为等手段导致其签订的话，因该劳动合同系其本人签订的，故该劳动合同自双方签字或盖章后生效，对双方具有约束力，某公司有权按照劳动合同约定的工资标准确定严某的工资。

实践中常常会出现口头约定工资与劳动合同约定工资不一致的情形。根据“谁主张，谁举证”的证据规则，若没有其他证据证明，法院一般会采纳劳动合同中约定的工资数额。在计算基本工资时，劳动者应注意劳动合同或平时工资条中注明的工资计算方式，用人单位可能会以极低的基本工资加上各种补贴的方式计算工资数额。这种做法能够降低用人单位为劳动者缴纳社会保险费的成本，但劳动者权益也可能因此受到损害。在计算月工资时，若采用基本工资加各项提成的方式计算月工资数额，劳动者应当证明其符合各项提成的条件。否则，对于用人单位拖欠劳动者工资的情形，劳动者很可能只能拿到基本工资，而无法获得提成部分的工资。

法律规定

《中华人民共和国劳动合同法》

第三条　订立劳动合同，应当遵循合法、公平、平等自愿、协商一致、诚实信用的原则。

依法订立的劳动合同具有约束力，用人单位与劳动者应当履行劳动合同约定的义务。

第十六条　劳动合同由用人单位与劳动者协商一致，并经用人单位与劳动者在劳动合同文本上签字或者盖章生效。

劳动合同文本由用人单位和劳动者各执一份。

068 员工迟到1分钟要扣1天工资，这合法吗？

基本案情

2022年5月，李某入职某公司担任电话销售人员，双方劳动合同约定，李某月基础工资为2200元，无绩效工资及提成。李某在入职某公司时签收了某公司经过民主程序制定的《员工手册》，其中规定“员工有迟到行为的，每迟到1次，扣除1天工资”。李某未提出异议。后因李某搬家，更换了往返公司的公交线路，经常出现不小心迟到1－2分钟的情况。2023年12月，李某因迟到10次，被某公司根据《员工手册》的规定扣除了10天的基础工资，双方对此发生争议。

争议焦点

李某迟到，某公司是否可以依据《员工手册》扣李某的基础工资？

律师解说

根据相关法律法规的规定，用人单位应当按照法律法规规定和劳动合同约定，向劳动者足额支付劳动报酬，不得克扣劳动者工资。用人单位对于劳动者具有一定的管理权限，用人单位可以通过合理的规章制度对劳动者的迟到、早退等违纪行为进行适当的惩戒，但这些规定需要合理、公平，且不违反法律、行政法规的强制性规定，不得免除法定责任或剥夺劳动者法定权利。

本案中，某公司在《员工手册》中规定的迟到 1 次扣 1 天工资的情况，这种惩罚力度显然过于严厉，在没有给某公司造成实际损失的情况下，明显不合理，属于变相克扣员工基础工资的行为，且扣除后李某当月实发工资已低于最低工资标准，应属违法，某公司应补发李某相应工资。

如果员工无正当理由迟到，且迟到导致用人单位发生实际经济损失，用人单位可以对员工的工资进行扣除，但这种扣除应当是合理的，不能随意设定高额罚款。例如，如果迟到导致了项目延期或其他直接经济损失，用人单位可以根据实际损失情况适当扣除工资，但必须有充分的证据支持其扣除行为的合理性，且扣减后的工资不得低于当地最低工资标准，也不得超过员工当月工资的一定比例（通常不超过 20%）。

为避免用人单位通过规章制度惩罚劳动者缺勤、迟到、早退等违纪行为存在合规风险，建议用人单位优化工资结构，如将工资分为基本工资、绩效工资、全勤奖励工资等不同板块，通过细化工资结构，将迟到、早退等违纪行为和与出勤率挂钩的全勤奖相衔接，将劳动者的劳动成果和违纪情况与劳动者的绩效工资或其他奖金相挂钩，实现对劳动者的合法合理奖惩，达到企业用工管理合法化的目的，尽量降低法律风险。

法律规定

《中华人民共和国劳动合同法》

第三十条 用人单位应当按照劳动合同约定和国家规定，向劳动者及时足额支付劳动报酬。

用人单位拖欠或者未足额支付劳动报酬的，劳动者可以依法向当地人民法院申请支付令，人民法院应当依法发出支付令。

《工资支付暂行规定》

第十五条 用人单位不得克扣劳动者工资。有下列情况之一的，用人单位可以代扣劳动者工资：

（一）用人单位代扣代缴的个人所得税；

（二）用人单位代扣代缴的应由劳动者个人负担的各项社会保险费用；

（三）法院判决、裁定中要求代扣的抚养费、赡养费；

（四）法律、法规规定可以从劳动者工资中扣除的其他费用。

第十六条 因劳动者本人原因给用人单位造成经济损失的，用人单位可按照劳动合同的约定要求其赔偿经济损失。经济损失的赔偿，可从劳动者本人的工资中扣除。但每月扣除的部分不得超过劳动者当月工资的 20%。若扣除后的剩余工资部分低于当地月最低工资标准，则按最低工资标准支付。

069 单位停产停工，员工工资如何发放？

基本案情

柯某于2004年2月进入厦门市某工厂担任镗工。双方签订了劳动合同。劳动合同约定，柯某的工资以计件为主、计时为辅，计件时有计件才结算工资，没计件没有工资，计时是按照120元/天的工资加10元/天的绩效奖计算。

因某工厂订单下滑，2023年5月至12月工厂安排全体员工调休，每月向员工发放900元的调休补贴，继续为员工缴纳社会保险费，该900元补贴中包含个人应缴交的社会保险费，上述补贴至2023年12月调休结束员工回厂工作后陆续发放，实际上并未发放。

2023年12月调休结束后，某工厂已通知柯某回厂上班，柯某接到某工厂的通知后，于2024年1月回厂，柯某认为厂里没有什么工作要做，于是向某工厂提出希望再调休至2024年3月，柯某才正式回厂上班。后柯某诉至厦门市劳动人事争议仲裁院要求某工厂按照最低工资标准支付其调休期间2023年5月至2024年3月的工资。

争议焦点

某工厂在柯某停工期间应当如何支付工资？

律师解说

本案中，2023 年 5 月至 12 月，某工厂主动提出要柯某停工，并且与员工协商停工薪水及福利待遇，某工厂应当按照约定的内容支付柯某工资。根据《厦门市企业工资支付条例》第二十四条的规定，非因劳动者原因造成用人单位停工、停产未超过一个工资支付周期的，用人单位应当按照劳动者本人正常劳动的工资标准支付工资。超过一个工资支付周期，用人单位安排劳动者工作的，按照双方新约定的工资标准支付工资；未安排劳动者工作的，按照不低于本市当年度最低工资标准支付停工津贴。非因员工原因造成的停工，企业应当按周期发放工资，且工资不得低于当地最低工资支付标准。根据厦门市 2023 年度最低工资标准 2030 元/月，某工厂与员工商议的停工津贴仅 900 元，不足最低工资标准。因此，某工厂应当补齐差额，按厦门市最低工资标准足额支付柯某工资。2024 年 1 月至 3 月，柯某的停工是其自身原因导致的，某工厂无须承担支付工资的义务。

法律规定

《厦门市企业工资支付条例》

第二十四条　非因劳动者原因造成用人单位停工、停产未超过一个工资支付周期的，用人单位应当按照劳动者本人正常劳动的工资标准支付工资。超过一个工资支付周期，用人单位安排劳动者工作的，按照双方新约定的工资标准支付工资；未安排劳动者工作的，按照不低于本市当年度最低工资标准支付停工津贴。

070 个体工商户注销之后，劳动者能否向经营者追索劳动报酬？

基本案情

某家具店于2021年7月成立，类型为普通个体工商户，经营者为吴某。2021年10月，吴某聘用杨某到店里从事销售工作，双方未签订书面劳动合同。2023年12月，某家具店办理了注销登记手续，辞退了杨某，还拖欠杨某2个月的工资共计9000元。杨某向当地劳动人事争议仲裁委员会提出劳动仲裁申请，要求某家具店支付尚欠的工资。劳动人事争议仲裁委员会认为某家具店已办理注销登记手续，杨某的申请缺乏被申请人，以被申请人主体不存在或者不适格为由，决定不予受理杨某的劳动争议仲裁申请。杨某对于裁决不服，于是以吴某为被告向人民法院提起诉讼。

争议焦点

某家具店注销之后，杨某能否向吴某追索尚欠的工资？

律师解说

根据《中华人民共和国民法典》第五十六条的规定，个体工商户的债务，个人经营的，以个人财产承担。这意味着即使个体工商户的经营活动已经停止或注销，经营者仍需用个人财产偿还之前产生的债务。

本案中，杨某提供了劳动，享有获得劳动报酬的权利。虽然某家具店已经被注销，但注销前的经营期间所欠的劳动报酬应当由其经营者吴某的个人财产承担，故杨某仍然有权向经营者吴某追索劳动报酬。

法律规定

《中华人民共和国民法典》

第五十六条　个体工商户的债务，个人经营的，以个人财产承担；家庭经营的，以家庭财产承担；无法区分的，以家庭财产承担。

农村承包经营户的债务，以从事农村土地承包经营的农户财产承担；事实上由农户部分成员经营的，以该部分成员的财产承担。

《中华人民共和国劳动合同法》

第四十四条　有下列情形之一的，劳动合同终止：

（一）劳动合同期满的；

（二）劳动者开始依法享受基本养老保险待遇的；

（三）劳动者死亡，或者被人民法院宣告死亡或者宣告失踪的；

（四）用人单位被依法宣告破产的；

（五）用人单位被吊销营业执照、责令关闭、撤销或者用人单位决定提前解散的；

（六）法律、行政法规规定的其他情形。

《中华人民共和国劳动争议调解仲裁法》

第二十七条　劳动争议申请仲裁的时效期间为一年。仲裁时效期间从当事人知道或者应当知道其权利被侵害之日起计算。

前款规定的仲裁时效，因当事人一方向对方当事人主张权利，或者向有关部门请求权利救济，或者对方当事人同意履行义务而中断。从中断时起，仲裁时效期间重新计算。

因不可抗力或者有其他正当理由，当事人不能在本条第一款规定的仲裁时效期间申请仲裁的，仲裁时效中止。从中止时效的原因消除之日起，仲裁时效期间继续计算。

劳动关系存续期间因拖欠劳动报酬发生争议的，劳动者申请仲裁不受本条第一款规定的仲裁时效期间的限制；但是，劳动关系终止的，应当自劳动关系终止之日起一年内提出。

071 劳动合同中能否约定“禁止生育”条款？

基本案情

2022 年 4 月，梁某入职某医院担任住院医师，双方签订劳动合同约定，劳动合同期限为 2 年，合同期限内梁某不得生育，若梁某违反约定，某医院不支付梁某孕期及产假期间的工资。2022 年 5 月梁某怀孕，同年 11 月，梁某因怀孕身体不适向某医院请假，某医院同意了梁某的请假。其后，梁某顺利生产并休产假。某医院未为梁某缴纳社会保险费，在梁某孕期及产假期间，某医院也未支付梁某病假、产假工资以及医疗费用。梁某不服，申请劳动仲裁，请求裁决某医院支付怀孕和产假期间的工资。

争议焦点

某医院与梁某约定的“禁止生育”条款是否符合法律规定？某医院是否有权拒付梁某孕期诊疗及产假期间的工资？

律师解说

保障女职工的合法权益是用人单位的法定义务，用人单位在招聘、录用和用工管理中应当平等对待女职工，不得对女职工的合法权利进行限制。根据《中华人民共和国就业促进法》第二十七条规定，用人单位录用女职工，不得在劳动合同中规定限制女职工结婚、生育的内容。

本案中，某医院在与梁某的劳动合同中约定梁某在职期间不得生育的条款，违反了法律的强制性规定。同时，根据《女职工劳动保护特别规定》第五条和第八条的规定，用人单位不得因女职工怀孕、生育而降低其工资，对未参加生育保险的女职工，用人单位应按照女职工产假前工资的标准支付生育津贴以及女职工生育的医疗费用。本案中，某医院在劳动合同中约定不支付梁某孕产期的工资，违反了法律法规的强制性规定，免除自己的法定责任，属于《中华人民共和国劳动合同法》第二十六条规定的无效条款，不对梁某发生法律效力。某医院应当按照法律规定支付梁某孕产期的工资以及相应医疗费用。

法律规定

《中华人民共和国就业促进法》

第二十七条　国家保障妇女享有与男子平等的劳动权利。

用人单位招用人员，除国家规定的不适合妇女的工种或者岗位外，不得以性别为由拒绝录用妇女或者提高对妇女的录用标准。

用人单位录用女职工，不得在劳动合同中规定限制女职工结婚、生育的内容。

《中华人民共和国劳动合同法》

第二十六条　下列劳动合同无效或者部分无效：

（一）以欺诈、胁迫的手段或者乘人之危，使对方在违背真实意思的情况下订立或者变更劳动合同的；

（二）用人单位免除自己的法定责任、排除劳动者权利的；

（三）违反法律、行政法规强制性规定的。

对劳动合同的无效或者部分无效有争议的，由劳动争议仲裁机构或者人民法院确认。

《女职工劳动保护特别规定》

第五条　用人单位不得因女职工怀孕、生育、哺乳降低其工资、予以辞退、与其解除劳动或者聘用合同。

第八条　女职工产假期间的生育津贴，对已经参加生育保险的，按照用人单位上年度职工月平均工资的标准由生育保险基金支付；对未参加生育保险的，按照女职工产假前工资的标准由用人单位支付。

女职工生育或者流产的医疗费用，按照生育保险规定的项目和标准，对已经参加生育保险的，由生育保险基金支付；对未参加生育保险的，由用人单位支付。

072 生育津贴和产假工资能同时领取吗？

基本案情

2016年5月，张某入职厦门某酒店担任部门经理一职，入职当天，某酒店与张某签订了书面的《劳动合同》，约定月工资为4400元，某酒店依法为张某缴纳了社会保险。2022年8月17日，张某顺产生育一女，经社会保障部门核定，张某产假天数158天，按照某酒店上年度月平均工资，向张某发放128天生育津贴，共计12000元，职工医疗保险基金将生育津贴汇入张某银行账户。张某产假期间，某酒店未向张某发放工资。

2023年8月，张某离职，要求某酒店按照月工资4400元的标准，向张某补发产假158天的工资22000元。某酒店认为，社保部门已向张某发放了生育津贴，酒店无须向张某发放该期间的工资。

争议焦点

张某能同时领取生育津贴和产假工资吗？

律师解说

根据《女职工保护特别规定》第八条和《福建省医疗保障局　福建省财政厅关于完善生育保险与职工基本医疗保险合并实施有关政策的通知》第三条的规定，已经参加生育保险的女职工产假期间的生育津贴，由生育保险基金支付，生育津贴与产假工资不重复发放。参保人员由职工基本医疗保险基金支付生育津贴期间，用人单位不再发放工资。由于生育津贴是国家对企业的补贴，企业可以用来发放女职工产假期间的工资。

产假工资是指女职工在休产假期间，用人单位应当按照其生育前的原待遇支付的工资，在用人单位依法参加生育保险的情况下，女职工产假期间的工资待遇已被生育津贴所覆盖，二者不可兼得。

在本案中，张某获得职工基本医疗保险基金支付生育津贴的 128 天内，某酒店无须向张某支付产假工资。但根据《女职工保护特别规定》第五条的规定，用人单位不得因女职工怀孕、生育等情况降低其工资，在张某休产假的剩余 30 天内，由于未发放对应的生育津贴，某酒店应当向张某发放该期间内的工资。因此，某酒店仅需向张某补发张某未领取生育津贴的 30 天工资 4400 元。

法律规定

《女职工保护特别规定》

第五条 用人单位不得因女职工怀孕、生育、哺乳降低其工资、予以辞退、与其解除劳动或者聘用合同。

第八条 女职工产假期间的生育津贴，对已经参加生育保险的，按照用人单位上年度职工月平均工资的标准由生育保险基金支付；对未参加生育保险的，按照女职工产假前工资的标准由用人单位支付。

女职工生育或者流产的医疗费用，按照生育保险规定的项目和标准，对已经参加生育保险的，由生育保险基金支付；对未参加生育保险的，由用人单位支付。

《福建省医疗保障局　福建省财政厅关于完善生育保险与职工基本医疗保险合并实施有关政策的通知》

第三条 生育津贴与产假工资不重复发放。参保人员由职工基本医疗保险基金支付生育津贴期间，用人单位不再发放工资。

073 女职工领取生育津贴后，能否再要求企业支付产假工资差额？

基本案情

林某于2020年3月入职厦门某公司担任渠道专员，并与某公司签订为期3年的劳动合同。林某工资结构为：月工资2000元+岗位津贴1000元+绩效工资。2022年2月10日，林某怀孕后因临近预产期，向公司申请休产假。产假时间从2月10日至7月16日。在5-8月期间，某公司仅向林某发放固定工资2000元。而林某在产前月平均工资达到5100元，根据《女职工劳动保护特别规定》第五条的规定，女职工产假期间的工资标准应不低于产假之前。林某认为某公司应当支付相应的工资差额。但某公司则认为林某依法领取生育津贴，生育津贴标准为119.45元/天，基本工资与生育津贴相加后，已经能够达到林某生产前的工资水平，其无须另行支付工资差额。

争议焦点

在林某已经依法领取生育津贴的情况下，某公司是否还需要向林某支付产假期间工资差额？

律师解说

在产假期间，女职工缺乏工作能力，如果因此不发放工资，女职工的基本生活将难以得到保障。对此我国陆续出台了生育津贴与工资差额制度，二者的设计目的均是有效保障女职工在怀孕与生产期间的生活水平，然而二者同时适用容易造成重复救济的情况。根据人力资源和社会保障部与福建省医疗保障局、福建省财政厅关于生育津贴与工资的发放规则，生育津贴与产假工资不重复发放，即使生育津贴低于产假工资，用人单位也无须补足差额。

本案中，某公司已经为林某办理社会保险登记并缴纳包括生育保险在内的社会保险费，故生育津贴由生育保险基金支付。至于某公司是否足额缴纳社会保险费，根据《中华人民共和国社会保险法》第八十六条"用人单位未按时足额缴纳社会保险费的，由社会保险费征收机构责令限期缴纳或者补足"的规定，属于相应行政管理部门的职权范畴，不属于人民法院受理民事诉讼的范围，故法院一般不予审理。林某在已经领取生育津贴的情况下，再次主张用人单位支付产假工资差额于法无据。

法律规定

《女职工劳动保护特别规定》

第八条 女职工产假期间的生育津贴，对已经参加生育保险的，按照用人单位上年度职工月平均工资的标准由生育保险基金支付；对未参加生育保险的，按照女职工产假前工资的标准由用人单位支付。

女职工生育或者流产的医疗费用，按照生育保险规定的项目和标准，对已经参加生育保险的，由生育保险基金支付；对未参加生育保险的，由用人单位支付。

《人力资源社会保障部对十二届全国人大五次会议第8024号建议的答复》（人社建字〔2017〕28号）

第二条 为保障女职工因生育而暂时中断劳动期间的基本经济收入和医疗保障，帮助她们恢复体力重返岗位，均衡企业负担，促进平等就业，我国已经建立了生育保险制度。根据现行生育保险政策，女职工生育“一孩”和“二孩”，同样享受生育保险待遇。参加生育保险的用人单位女职工生育的，由生育保险基金支付参保女职工生育期间的有关医疗费和生育津贴（产假期间的工资待遇）。津贴标准为用人单位上年度职工月平均工资。未参加生育保险的，按照女职工产假前工资的标准由用人单位支付。目前，生育保险基金支付生育津贴的期限与《女职工劳动保护特别规定》规定的产假期限一致。各地在本地区计划生育条例中对女职工休生育奖励假期间的工资待遇问题也作出了相应的规定，大多数地方明确由企业发放工资。

《福建省医疗保障局　福建省财政厅关于完善生育保险与职工基本医疗保险合并实施有关政策的通知》

第三条　生育津贴与产假工资不重复发放。参保人员由职工基本医疗保险基金支付生育津贴期间，用人单位不再发放工资。

第二节　特殊主体的工资

074 农民工是否有权拒绝“年薪制”的工资分配方式？

基本案情

2023年2月1日，包工头陈某雇用张某到某项目工程做钢筋工，负责绑扎钢筋。张某与陈某口头约定每月底薪4500元，包吃住，每月20日陈某向张某发放“生活费”500元，剩余工资待年底统一结算。2023年11月，张某因家里装修房子需要用钱，跟陈某商量提前结算工资，陈某以双方已经约定“年底统一结算”为由，拒绝提前支付工资，双方产生争议。

争议焦点

张某能否拒绝采用“年底统一结算”的工资支付方式？

律师解说

年薪制虽无明确的规范性规定，但实践中一般将其定义为一种将经营者的工资收入与企业经营业绩挂钩的工资分配方式，包括基本工资和效益薪金两个部分。根据《中华人民共和国劳动法》的规定，用人单位有权自主确定工资分配方式和水平，但这种自主权应当遵循法律规定，不能违反国家关于最低工资标准的规定。因此，年薪制是合法的，但必须符合劳动法规定的条件和原则，同时要保证劳动者的实际收入不低于最低工资标准，并明确双方之间的约定。

在工程建设领域，许多不规范的工程项目采用“年薪制”，使农民工不能按月领取工资，只能等到年底或者工程完工时由雇佣方集中支付，部分农民工每月能领到少额生活费，部分农民工只享受“包吃住”待遇。农民工工资支付环节本身较多，这种集中支付的方式进一步增加了欠薪风险，也使讨薪变得格外艰难，农民工工资被截留、克扣风险加大。因此，《保障农民工工资支付条例》第十二条和第十三条专门针对农民工的工资支付周期进行了明确的规定，工资支付周期最长只能按月结算，用人单位应当最长按月向农民工足额支付工资。

本案中，张某有权拒绝采用“年底统一结算”的工资支付方式。缩短支付周期，减少工资支付环节，才能更大限度保障农民工能及时足额领取到工资。

法律规定

《保障农民工工资支付条例》

第十二条　用人单位应当按照与农民工书面约定或者依法制定的规章制度规定的工资支付周期和具体支付日期足额支付工资。

第十三条　实行月、周、日、小时工资制的，按照月、周、日、小时为周期支付工资；实行计件工资制的，工资支付周期由双方依法约定。

075 公司必须每年都要向员工发年终奖吗？

基本案情

2021 年 1 月 4 日，张某入职某农业公司，担任区域销售经理一职，双方签订《劳动合同》，约定合同期限为 3 年，自 2021 年 1 月 4 日起至 2024 年 1 月 3 日止，月工资 8000 元，但双方在合同中未对年终奖进行约定。张某任职期间，全职负责某区蔬菜种子的示范、推广和销售业务工作。

张某刚入职的前 2 年，工作勤勤恳恳，也取得十分可观的业绩。2021 年、2022 年，因张某表现突出，某农业公司每年额外向其发放 5000 元的年终奖作为鼓励。2023 年开始，张某工作慢慢懈怠，经常不按照公司规定开展市场调研及产品推广等本职工作。某农业公司曾多次要求其改正，但张某仍不履行其工作职责，不按照规定出差，也不签到，无故旷工，严重违反劳动纪律，不履行劳动义务。

2024 年 1 月 3 日，合同到期，某农业公司决定不再续约。双方在结算工资时，张某认为其 2021 年、2022 年均有年终奖 5000 元，公司应向其支付2023年度年终奖金5000元。某农业公司认为，年终奖不是法定必须发放的劳动报酬，双方签订的《劳动合同》中也未约定年终奖金，2021年、2022年发放年终奖系因为张某工作表现突出，2023年其经常不履行工作职责，无故旷工，公司有权决定不向其发放2023年年终奖。双方因此产生争议，诉至当地劳动人事争议仲裁委员会。

争议焦点

某农业公司是否有义务向张某发放2023年年终奖？

律师解说

根据《中华人民共和国劳动法》的相关规定，年终奖并非工资的必然组成部分，而是用人单位根据公司经营状况和员工工作情况自主决定是否发放的一种奖励。在劳动合同或者公司规章制度没有约定或规定的情况下，向劳动者发放年终奖金不是用人单位的强制性义务。用人单位是否发放年终奖，是否在工资中分设年终奖项目，如何发放年终奖是用人单位自主管理的范畴，年终奖的数额通常由公司经营情况和劳动者工作情况评定，因人而异。因此，用人单位可自行制定绩效奖金考核方案，并根据考核结果决定是否符合发放条件以及发放的金额。

本案中，因张某与某农业公司之间未对年终奖进行约定，某农业公司可以根据张某的工作能力、业绩表现等因素综合决定是否向张某发放年终奖。张某于2021年和2022年因工作表现突出获得某农业公司发放的年终奖 5000 元，不意味着某农业公司于 2023 年度仍有向其发放年终奖的义务，张某以某农业公司曾向其支付 2021 年、2022 年的年终奖为由主张某农业公司支付 2023 年度年终奖金 5000 元缺乏法律依据。

法律规定

《中华人民共和国劳动法》

第四十七条　用人单位根据本单位的生产经营特点和经济效益，依法自主确定本单位的工资分配方式和工资水平。

076 劳动者在年终奖发放前离职，能否要求用人单位支付年终奖？

基本案情

蔡某于2022年11月5日入职某销售公司担任客户经理，负责产品销售。同日，双方签订《劳动合同》，约定年终绩效奖金的发放以每年1月1日至12月31日为一个薪酬年度，原则上在次年第一季度内发放，员工年度内中途到职、复职，奖金按实际到职、复职时间依比例计算，截至奖金发放时点已离职的员工，无奖金。2023年2月，某销售公司经考评后向蔡某发放了2022年度的年终绩效奖金。2023年12月30日，蔡某因个人原因向某销售公司提交辞职信，并于2024年1月20日与公司完成了工作交接，在交接清单上标注2023年度年终绩效奖金尚未发放。2024年2月，某销售公司发放2023年度年终绩效奖金，蔡某原任职部门符合发放奖金条件，且蔡某工作业绩突出，符合年终绩效奖金的发放要求，但某销售公司以发放年终奖时蔡某已离职为由，未向蔡某发放年终绩效奖金。双方为此发生争议，蔡某申请劳动仲裁，要求某公司支付2023年度年终绩效奖金。

争议焦点

蔡某因个人原因申请离职导致不符合《劳动合同》约定的年终绩效奖金发放条件，能否获得 2023 年度的年终绩效奖金？

律师解说

根据《中华人民共和国劳动法》第四十七条和《关于工资总额组成的规定》第四条，用人单位具有薪酬自主权，可以自主决定本单位的工资分配方式，年终绩效奖金属于用人单位对员工年度工作业绩的奖金，用人单位可以自行设置奖金的发放条件和发放时间。但用人单位制定的发放规则应遵循公平原则，对于年终奖发放之前已经离职的劳动者能否获得年终奖，应当依据劳动者离职的原因、时间、工作表现等因素进行综合考量。用人单位不得克扣或无故拖欠劳动者的年终奖。

本案中，《劳动合同》约定的年终绩效奖金的发放以每年 1 月 1 日至 12 月 31 日为一个薪酬年度，虽然 2023 年度终绩效奖金的发放时间在 2024 年第一季度，但在 2024 年 1 月 1 日时上一薪酬年度已经截止，结合该公司自主制定的年终绩效奖金发放标准，蔡某在 2023 年度内提供了全年劳动，且工作业绩突出，符合 2023 年度年终绩效奖金的发放标准，某销售公司负有向蔡某支付年终绩效奖金的义务，且应当按时支付。某销售公司仅以发放年终绩效奖金时蔡某已离职为由拒绝发放，不符合公平原则，应向蔡某支付 2023 年度年终绩效奖金。

法律规定

《中华人民共和国劳动法》

第四十七条　用人单位根据本单位的生产经营特点和经济效益，依法自主确定本单位的工资分配方式和工资水平。

第五十条　工资应当以货币形式按月支付给劳动者本人。不得克扣或者无故拖欠劳动者的工资。

《关于工资总额组成的规定》

第四条　工资总额由下列六个部分组成：

（一）计时工资；

（二）计件工资；

（三）奖金；

（四）津贴和补贴；

（五）加班加点工资；

（六）特殊情况下支付的工资。

077 包工头跑路，拖欠农民工工资怎么办？

基本案情

2023 年 1 月，包工头李某雇用高某到某建设公司承包的某工程项目工地做泥水工，双方约定高某工资 350 元/天。2023 年 12 月 15 日，项目完工后结算发现高某尚有工资 14900 元未发，但高某无法联系上李某。经高某了解，某建设公司为该项目的施工总承包单位，其将部分劳务分包给李某个人，李某不具备劳务分包资质，某建设公司已经向李某支付全部工程款，但李某未向高某发放工资。2024 年 1 月 20 日，高某将某建设公司、李某诉至法院，要求某建设公司、李某共同支付高某的劳务报酬人民币 14900 元。

争议焦点

李某“跑路”，拖欠农民工高某的工资怎么办？

律师解说

农民工工资与农民工的基本生活保障息息相关，农民工有按时足额获得工资的权利，任何单位和个人不得拖欠农民工工资。根据《保障农民工工资支付条例》的规定，施工总承包单位应对分包单位的劳动用工和工资发放进行监督，总承包企业若违反规定将工程发包、分包给不具备用工主体资格的组织或个人，应当承担清偿拖欠工资的连带责任。该规定为农民工提供了一定的保障，且适用于所有为了保障农民工工资合法权利而组织农民工施工的情况。

本案中，高某在案涉工程从事泥水作业，尚有工资 14900 元未结清，其已经提供了劳务，有及时足额获得劳务报酬的权利。某建设公司作为施工总承包单位，将案涉工程劳务分包给不具备劳务分包资质的李某个人，导致高某未获得劳务报酬，虽然其已经将工程款支付给李某，但仍应依法对李某需支付给高某的劳务报酬承担先行清偿责任。

此外，需要说明的是，根据规定农民工可以直接起诉用人单位索要工资，无须劳动仲裁前置程序，以保护农民工的合法权益。

法律规定

《保障农民工工资支付条例》

第三十六条　建设单位或者施工总承包单位将建设工程发包或者分包给个人或者不具备合法经营资格的单位，导致拖欠农民工工资的，由建设单位或者施工总承包单位清偿。

施工单位允许其他单位和个人以施工单位的名义对外承揽建设工程，导致拖欠农民工工资的，由施工单位清偿。

078 工程建设项目违法分包情形下，农民工遭遇工伤如何维权？

基本案情

某建筑公司总承包了厦门某健身中心工程。之后某建筑公司将工程违法分包给梁某，梁某又将工程分包给田某，田某又把拆除吊顶的工程再分包给刘某，刘某又雇用了王某。2021 年 10 月，王某在工作中受伤。2022 年 1 月，王某所受事故伤害被当地人力资源和社会保障局认定为工伤，经鉴定，伤残等级为八级。王某随后向当地劳动人事争议仲裁委员会申请劳动仲裁，请求裁决某建筑公司支付工伤待遇费用及拖欠工资。

争议焦点

某建筑公司与王某之间不存在劳动关系，是否应向王某支付工伤保险待遇费用及刘某拖欠未付的工资？

律师解说

根据《中华人民共和国劳动合同法》第九十四条的规定，个人承包经营违反本法规定招用劳动者，给劳动者造成损害的，发包的组织与个人承包经营者承担连带赔偿责任。

本案中，尽管王某与某建筑公司之间不存在劳动关系，但是根据《关于确立劳动关系有关事项的通知》第四条的规定，建筑施工、矿山企业等用人单位将工程（业务）或者经营权发包给不具备用工主体资格的组织或自然人，发包方承担用工主体责任。此外，根据《保障农民工工资支付条例》第三十条的规定，施工总承包单位对分包单位劳动用工和工资发放等情况进行监督。分包单位拖欠农民工工资的，由施工总承包单位先行清偿，再依法进行追偿。工程建设项目转包，拖欠农民工工资的，由施工总承包单位先行清偿，再依法进行追偿。据此，某建筑公司作为总包单位不仅应当承担王某各项工伤保险待遇的用工主体责任，且应当先行清偿拖欠的工资。

法律规定

《中华人民共和国劳动合同法》

第九十四条　个人承包经营违反本法规定招用劳动者，给劳动者造成损害的，发包的组织与个人承包经营者承担连带赔偿责任。

《关于确立劳动关系有关事项的通知》（劳社部发〔2005〕12号）

四、建筑施工、矿山企业等用人单位将工程（业务）或经营权发包给不具备用工主体资格的组织或自然人，对该组织或自然人招用的劳动者，由具备用工主体资格的发包方承担用工主体责任。

《保障农民工工资支付条例》

第三十条　分包单位对所招用农民工的实名制管理和工资支付负直接责任。

施工总承包单位对分包单位劳动用工和工资发放等情况进行监督。

分包单位拖欠农民工工资的，由施工总承包单位先行清偿，再依法进行追偿。

工程建设项目转包，拖欠农民工工资的，由施工总承包单位先行清偿，再依法进行追偿。

第三节　加　班　费

079 安排员工“上24小时休24小时”需要支付加班费吗？

基本案情

2022年初，王某入职担任厦门市某公司的电梯维修工，主要负责某小区的电梯维护。双方对“工时制度”都没有相关的法律经验，于是在劳动合同中没有明确约定具体的工时制度，工作时间均听从某公司安排。王某进入工作岗位后，某公司安排他的工作时间是“上24小时班，休息24小时”，也就是俗称的“上一休一”。上班期间没有维修任务的时候，可以在值班室休息。

2023年底，王某因调岗事宜与公司产生纠纷。王某主张某公司应当向其补偿工作以来的加班费。某公司认为安排王某“上一休一”，保障了王某的休息权，实际王某并没有加班，认为自己不应当向王某支付加班费。

争议焦点

某公司安排王某“上 24 小时休 24 小时”需要支付加班费吗？

律师解说

根据《中华人民共和国劳动法》第三十六条、第三十九条的规定，原则上用人单位与劳动者实行的为标准工时工作制，员工每日工作时间不得超过 8 小时，平均每周工作时间不得超过 44 小时。但用人单位因生产特点不能实行标准工时工作制的话，经劳动行政部门批准，也可实行其他特殊的工时制度，即“综合工时工作制”或“不定时工时工作制”。同时根据《厦门市劳动和社会保障局关于进一步加强工时管理，完善特殊工时审批办法有关问题的通知》中的相关规定可知，除国企外，实行特殊工时工作制的用人单位应当报所在区域的劳动行政部门审批，经过批准后才可执行。

本案中，某公司与王某没有明确约定具体的工时制度，应当默认双方执行的是标准工时工作制，某公司应当严格按照“每日工作时间不超过 8 小时，平均每周不超过 44 小时”安排王某的工作时间。并且，某公司未经劳动行政部门审批就安排王某“上一休一”，实则违反了双方劳动合同约定，也违反了法律法规的规定，某公司依法应当根据王某具体工作时间向其支付加班费。

法律规定

《中华人民共和国劳动法》

第三十六条 国家实行劳动者每日工作时间不超过八小时、平均每周工作时间不超过四十四小时的工时制度。

第三十九条 企业因生产特点不能实行本法第三十六条、第三十八条规定的，经劳动行政部门批准，可以实行其他工作和休息办法。

080 集体协商确定的加班工资计算基数能否作为计算加班费的依据？

基本案情

吴某于2022年5月1日入职某物流公司从事驾驶员一职，《劳动合同》约定吴某每月基础工资为2050元，岗位津贴和补贴按照公司规定另行发放，工作地点位于厦门市思明区。合同中未对加班工资计算基数进行约定。2022年5月，某物流公司与公司工会通过工资集体协商方式签订《某物流公司工资协议》，规定加班费计算的月工资基数为2050元，且不低于厦门市企业职工月最低工资标准和职工劳动合同约定的加班费计算基数。2022年5月至2024年1月，某物流公司按照上述计算基数和统计的加班时数，按月支付吴某法定节假日加班费和延长工作时间加班费，吴某在每月领取工资后均签署了《工资无异议签名表》。2024年2月，吴某因严重违反公司规章制度被某物流公司辞退。吴某认为，加班工资应按照吴某实际平均月工资（2500元/月，含各类津贴450元/月）为基数进行计算，某物流公司按照厦门市企业职工月最低工资标准向吴某支付加班费违反法律规定，应以吴某实际月工资为计算基数，向其补充支付法定节假日和延长工作时间的加班费差额。

争议焦点

某物流公司与工会通过集体协商确定的加班工资计算基数能否作为计算劳动者加班费的依据？

律师解说

根据《工资集体协商试行办法》第三条的规定，工资协议与集体合同具有同等效力。某物流公司与吴某所在工会通过工资集体协商方式订立《某物流公司工资协议》，该协议与集体合同效力相同，对用人单位和劳动者均有约束力。《厦门市企业工资支付条例》第十六条规定，加班工资的计算基数不得低于劳动合同中约定的本人工资标准。

《厦门市中级人民法院　厦门市劳动争议仲裁委员会关于贯彻实施〈中华人民共和国劳动合同法〉、〈中华人民共和国劳动争议调解仲裁法〉的指导意见》第二十七条第二款指出，劳动合同约定劳动者加班工资计算基数的，从其约定。劳动合同未约定劳动者加班工资计算基数的，以劳动合同约定的工资标准作为加班工资计算基数。

根据上述两项规定，在劳动合同已对加班工资计算基数进行约定的情况下，应当优先适用合同约定。在某物流公司与吴某之间《劳动合同》未约定加班工资计算基数的情况下，《某物流公司工资协议》作为集体合同的组成部分，制定程序合法，有关加班工资计算基数的合同约定不违反相关法律规定和《劳动合同》约定，未低于厦门市思明区企业职工月最低工资标准，可以作为吴某加班工资的计算基数。某物流公司据此计算吴某加班工资合法合规，吴某要求某物流公司支付加班费差额没有法律依据。

法律规定

《工资集体协商试行办法》

第三条　本办法所称工资集体协商，是指职工代表与企业代表依法就企业内部工资分配制度、工资分配形式、工资收入水平等事项进行平等协商，在协商一致的基础上签订工资协议的行为。

本办法所称工资协议，是指专门就工资事项签订的专项集体合同。已订立集体合同的，工资协议作为集体合同的附件，并与集体合同具有同等效力。

《厦门市企业工资支付条例》

第十六条　加班工资的计算基数不得低于劳动合同中约定的本人工资标准。法律、法规另有规定的，从其规定。

《厦门市中级人民法院　厦门市劳动争议仲裁委员会关于贯彻实施〈中华人民共和国劳动合同法〉、〈中华人民共和国劳动争议调解仲裁法〉的指导意见》

第二十七条第二款　劳动合同约定劳动者加班工资计算基数的，从其约定。劳动合同未约定劳动者加班工资计算基数的，以劳动合同约定的工资标准作为加班工资计算基数。

081 劳动者离职时签字确认加班费已结清，是否有权要求支付欠付的加班费？

基本案情

2021年7月，肖某与某劳务派遣公司订立劳动合同，并被派遣至某快递公司担任配送员，月工资为基本工资加提成。2021年7月至2023年10月，肖某经常在双休日或法定节假日进行加班，但每月仅获得少量“出勤补款”或“节假日补助”，与法定加班费数额相差较大。

2023年11月，肖某因某劳务派遣公司未缴纳社会保险费且未按法定标准支付加班费向公司提出离职。当日，肖某按照某劳务派遣公司要求签署《离职申请交接表》，“员工确认”一栏注明：“经说明，我已知悉《中华人民共和国劳动合同法》上的权利与义务，现单位已经将我的工资、加班费、经济补偿结清，我与单位无其他任何争议。本人承诺不再以任何理由向某劳务派遣公司及某快递公司主张权利。”肖某对此提出异议，但因某劳务派遣公司主张若不签署《离职申请交接表》，将拒绝为肖某办理工作交接，肖某不得已在该栏中签字。肖某在离职之后，认为《离职申请交接表》中的“员工确认”一栏并非其真实意思表示，要求某劳务派遣公司支付加班费。

争议焦点

肖某在某劳务派遣公司提供的离职申请交接表“员工确认”一栏签字，是否还能向公司主张加班费？

律师解说

根据《最高人民法院关于审理劳动争议案件适用法律问题的解释(一)》第三十五条的规定，劳动者与用人单位就解除或者终止劳动合同办理相关手续、支付工资报酬、加班费、经济补偿或者赔偿金等达成的协议，不违反法律、行政法规的强制性规定，且不存在欺诈、胁迫或者乘人之危情形的，应当认定有效。前款协议存在重大误解或者显失公平情形，当事人请求撤销的，人民法院应予支持。用人单位可以与劳动者达成离职协议，对双方之间的权利义务进行安排，但其有效的前提是不应存在欺诈、胁迫、乘人之危、重大误解、显失公平等意思表示不真实的情形。

本案中，某劳务派遣公司以不办理离职手续相威胁，促使肖某在违背真实意思的情况下签署了某劳务派遣公司提供的《离职申请交接表》，且某劳务派遣公司及某快递公司未按照法律规定向肖某支付足额的加班费，《离职申请交接表》中“员工确认”一栏记载的内容与事实情况不相符，不能认定为肖某的真实意思表示。肖某可以主张某劳务派遣公司向其支付加班费。

劳动者离职时是否签字确认加班费已结清，以及这一行为是否有法律后果，是判断劳动者是否能要求支付欠付的加班费的重要依据。在司法实践中，法院普遍认为劳动者在离职时已经确认并签字意味着包括加班费在内的所有工资已经结清，这种情况下，劳动者一般不能再要求支付加班费。除非劳动者能够提供充分的证据证明用人单位在支付加班费的过程中存在违法行为（如未按照法定标准足额支付加班费），否则法院通常不支持劳动者要求支付欠付的加班费的主张。

法律规定

《最高人民法院关于审理劳动争议案件适用法律问题的解释（一）》

第三十五条 劳动者与用人单位就解除或者终止劳动合同办理相关手续、支付工资报酬、加班费、经济补偿或者赔偿金等达成的协议，不违反法律、行政法规的强制性规定，且不存在欺诈、胁迫或者乘人之危情形的，应当认定有效。

前款协议存在重大误解或者显失公平情形，当事人请求撤销的，人民法院应予支持。

082 用人单位可以通过制度规定免除自身加班费支付义务吗？

基本案情

蔡某于2021年12月入职某影院担任工程师。蔡某于入职时签收某影院通过民主程序制定的《人力资源管理手册》，其中关于“加班和调休”一项规定，某影院对员工加班实行调休制度，不支付加班费，员工的加班调休周期为当年的1月1日至12月31日，若有特殊情况可以延长至次年3月31日，员工可根据加班天数在加班调休周期内申请调休，逾期未申请调休的，视为放弃相应权利。2023年12月，蔡某因个人原因离职，离职时，因2022年度累计有休息日加班70个小时未调休，工作日加班20小时，蔡某要求某影院按照法定标准支付相应的加班费。某影院虽认可蔡某存在加班事实，但认为其在蔡某入职时已向其告知“加班和调休”规则，蔡某也在《人力资源管理手册》签字表示认可，其未能在规定时间内申请调休，属于自愿放弃权利，公司无须向蔡某支付加班费。双方产生争议。

争议焦点

某影院能否以《人力资源管理手册》的规定免除其支付蔡某加班费的义务？

律师解说

根据《中华人民共和国劳动法》第四十四条的规定，用人单位休息日安排劳动者工作可以安排补休或者支付加班费，安排劳动者延长工作时间或法定休假日工作应当支付加班费，不可以通过补休的方式代替加班费的支付。用人单位在未安排劳动者补休的情况下支付加班费是用人单位的法定义务，与劳动者是否提出申请补休无关。本案中，某影院规章制度中关于“加班和调休”的规定已侵犯了劳动者的法定权利，违反了国家法律规定，根据《最高人民法院关于审理劳动争议案件适用法律问题的解释（一）》第五十条的规定，不能作为确定某影院和蔡某权利义务的依据。因此，某影院不能以《人力资源管理手册》的规定免除其法定的加班费支付义务。

法律规定

《中华人民共和国劳动法》

第四十四条　有下列情形之一的，用人单位应当按照下列标准支付高于劳动者正常工作时间工资的工资报酬：

（一）安排劳动者延长工作时间的，支付不低于工资的百分之一百五十的工资报酬；

（二）休息日安排劳动者工作又不能安排补休的，支付不低于工资的百分之二百的工资报酬；

（三）法定休假日安排劳动者工作的，支付不低于工资的百分之三百的工资报酬。

《最高人民法院关于审理劳动争议案件适用法律问题的解释（一）》

第五十条　用人单位根据劳动合同法第四条规定，通过民主程序制定的规章制度，不违反国家法律、行政法规及政策规定，并已向劳动者公示的，可以作为确定双方权利义务的依据。

用人单位制定的内部规章制度与集体合同或者劳动合同约定的内容不一致，劳动者请求优先适用合同约定的，人民法院应予支持。

083 用人单位与劳动者约定“包薪制”，是否还需要支付加班费？

基本案情

周某于2023年7月入职某汽车服务公司从事汽修员工作，双方订立书面劳动合同并约定月工资为4000元（含加班费）。工作期间，周某每日平均需工作10小时，且经常需要在节假日、休息日加班。2024年2月，周某因个人原因与某汽车服务公司解除劳动合同，并认为即便按照当地最低工资标准，公司也未能足额支付加班费，故提起劳动仲裁。某公司虽然认可周某存在加班的事实，但以劳动合同中约定的月工资已经包含加班费为由拒绝支付。

争议焦点

某汽车服务公司与周某约定实行“包薪制”，是否还需要依法支付周某加班费差额？

律师解说

用人单位虽然有权制定内部薪酬分配制度，但与劳动者约定的“包薪制”应以符合法律规定为前提。根据《中华人民共和国劳动法》第四十七条和第四十八条的规定，用人单位可以根据本单位的生产经营特点和经济效益，依法自主确定本单位的工资分配方式和工资水平，但向劳动者支付的工资不得低于当地最低工资标准。

本案中，即使以当地最低工资标准作为周某的月工资标准，根据周某实际工作时间折算，并以此为基数核算加班费，也超出了周某与某汽车服务公司约定的 4000 元的月工资，说明某汽车服务公司未依法足额支付周某加班费，应当根据《中华人民共和国劳动合同法》第八十五条的规定向周某支付差额。

法律规定

《中华人民共和国劳动法》

第四十七条　用人单位根据本单位的生产经营特点和经济效益，依法自主确定本单位的工资分配方式和工资水平。

第四十八条　国家实行最低工资保障制度。最低工资的具体标准由省、自治区、直辖市人民政府规定，报国务院备案。

用人单位支付劳动者的工资不得低于当地最低工资标准。

《中华人民共和国劳动合同法》

第八十五条 用人单位有下列情形之一的，由劳动行政部门责令限期支付劳动报酬、加班费或者经济补偿；劳动报酬低于当地最低工资标准的，应当支付其差额部分；逾期不支付的，责令用人单位按应付金额百分之五十以上百分之一百以下的标准向劳动者加付赔偿金：

（一）未按照劳动合同的约定或者国家规定及时足额支付劳动者劳动报酬的；

（二）低于当地最低工资标准支付劳动者工资的；

（三）安排加班不支付加班费的；

（四）解除或者终止劳动合同，未依照本法规定向劳动者支付经济补偿的。

《最低工资规定》

第三条 本规定所称最低工资标准，是指劳动者在法定工作时间或依法签订的劳动合同约定的工作时间内提供了正常劳动的前提下，用人单位依法应支付的最低劳动报酬。

本规定所称正常劳动，是指劳动者按依法签订的劳动合同约定，在法定工作时间或劳动合同约定的工作时间内从事的劳动。劳动者依法享受带薪年休假、探亲假、婚丧假、生育（产）假、节育手术假等国家规定的假期间，以及法定工作时间内依法参加社会活动期间，视为提供了正常劳动。

084 用人单位未按制度批准加班，能否认定劳动者加班事实？

基本案情

吴某于2022年12月入职某医药公司，月工资为18000元。某医药公司加班管理制度规定："加班需要提交加班申请单，按程序审批。未经审批的，不认定为加班，不支付加班费。"吴某入职之后，时常会接到部门领导的安排加班，并按照某医药公司的加班管理制度提交了加班申请单，但公司未实际履行审批手续。2023年11月，吴某与某医药公司协商解除合同，要求公司支付加班费，并出具了考勤记录、与部门领导及同事的微信聊天记录、工作会议纪要等作为证据。某医药公司认可证据的真实性，但以缺少公司审批手续为由拒绝支付加班费。

争议焦点

某医药公司能否以无公司审批手续为由拒绝支付吴某加班费？

律师解说

依据《工资支付暂行规定》第十三条的规定，用人单位安排劳动者在法定标准工作时间以外工作的，应当依法支付劳动者加班费。即使加班未经审批程序，只要能证明劳动者确实被安排了加班，并且加班时间得到了用人单位的确认或认同，法院也会认定加班事实的存在。

本案中，吴某提交的考勤记录、与部门领导及同事的微信聊天记录、工作会议纪要等证据形成了相对完整的证据链，可以证明加班属于公司安排，某医药公司亦认可上述证据的真实性，吴某在法定标准工作时间之外加班的事实可以得到认定。同时，某医药公司安排吴某加班，且吴某已按照规章制度要求提交加班申请，公司仍怠于审批相应加班申请，不影响对“用人单位安排”加班这一事实的认定，不得依据规章制度的规定拒绝支付加班费。某医药公司怠于审批的行为损害了吴某的合法权益，应支付吴某加班费。

因此，用人单位未按制度批准加班，并不是绝对不能认定劳动者加班事实的理由，关键在于能否通过其他证据来证明加班事实的存在。

法律规定

《工资支付暂行规定》

第十三条　用人单位在劳动者完成劳动定额或规定的工作任务后，根据实际需要安排劳动者在法定标准工作时间以外工作的，应按以下标准支付工资：

（一）用人单位依法安排劳动者在日法定标准工作时间以外延长工作时间的，按照不低于劳动合同规定的劳动者本人小时工资标准的150%支付劳动者工资；

（二）用人单位依法安排劳动者在休息日工作，而又不能安排补休的，按照不低于劳动合同规定的劳动者本人日或小时工资标准的200%支付劳动者工资；

（三）用人单位依法安排劳动者在法定休假节日工作的，按照不低于劳动合同规定的劳动者本人日或小时工资标准的300%支付劳动者工资。

实行计件工资的劳动者，在完成计件定额任务后，由用人单位安排延长工作时间的，应根据上述规定的原则，分别按照不低于其本人法定工作时间计件单价的150%、200%、300%支付其工资。

经劳动行政部门批准实行综合计算工时工作制的，其综合计算工作时间超过法定标准工作时间的部分，应视为延长工作时间，并应按本规定支付劳动者延长工作时间的工资。

实行不定时工时制度的劳动者，不执行上述规定。

085 劳动者拒绝违法超时加班安排，用人单位是否有权以此为由解除劳动合同？

基本案情

张某于2023年6月入职某快递公司从事行政工作。双方在劳动合同中约定，张某的工作时间为上午9时至晚上9时，每周工作6天。2023年8月，张某因长期加班出现健康问题，便以工作时间严重超过法律规定上限为由拒绝超时加班安排。某快递公司随后以张某严重违反规章制度为由与其解除劳动合同。双方因此发生争议。

争议焦点

张某拒绝违法超时加班安排，某快递公司能否以此为由解除劳动合同？

律师解说

《中华人民共和国劳动法》第四十一条和第四十三条对延长工作时间的上限作出了明确的强制性规定，即每日通常不得超过 1 小时，至多不得超过 3 小时，每月不得超过 36 个小时，且应当保障劳动者身体健康。

本案中，张某与某快递公司签订的劳动合同中约定的工作时间已经超出了法定的延长工作时间上限，违反了《中华人民共和国劳动法》第四十一条的强制性规定，根据《中华人民共和国劳动合同法》第二十六条应认定为无效。张某拒绝违法超时加班安排系合法行使权利，某快递公司以此为由解除劳动合同构成违法解除，应向张某支付违法解除劳动合同的赔偿金。

法律规定

《中华人民共和国劳动法》

第四十一条　用人单位由于生产经营需要，经与工会和劳动者协商后可以延长工作时间，一般每日不得超过一小时；因特殊原因需要延长工作时间的，在保障劳动者身体健康的条件下延长工作时间每日不得超过三小时，但是每月不得超过三十六小时。

第四十三条　用人单位不得违反本法规定延长劳动者的工作时间。

《中华人民共和国劳动合同法》

第二十六条 下列劳动合同无效或者部分无效：

（一）以欺诈、胁迫的手段或者乘人之危，使对方在违背真实意思的情况下订立或者变更劳动合同的；

（二）用人单位免除自己的法定责任、排除劳动者权利的；

（三）违反法律、行政法规强制性规定的。

对劳动合同的无效或者部分无效有争议的，由劳动争议仲裁机构或者人民法院确认。

第四章

工作时间与休息休假

第一节　工作时间

086 用人单位规章制度规定的工作时间可以超出法定工作时间吗？

基本案情

2023 年 3 月，李某入职某软件开发公司担任程序员。该软件开发公司对李某进行入职培训，介绍公司各项规章制度，其中关于加班的规定为“员工正常出勤时间为每天早 8 点至晚 8 点，一周工作六天，具体的出勤时间以排班表为准。”2024 年 2 月，李某与某软件开发公司协商一致解除劳动合同，并要求公司依法支付平日延时加班费及休息日加班费。某软件开发公司认为，公司规章制度经过民主程序制定，且已经在李某入职培训时进行了告知，李某工作期间一直按照公司的规章制度执行，从未提出异议。双方因此产生争议。

争议焦点

某软件开发公司规章制度规定的工作时间可以超出法定工作时间吗？

律师解说

《中华人民共和国劳动合同法》第四条赋予了用人单位建立和完善劳动规章制度的权利，用人单位可以通过劳动规章制度对劳动者进行用工管理，声明劳动纪律。《最高人民法院关于审理劳动争议案件适用法律问题的解释（一）》第五十条第一款细化了这一规定，明确了用人单位的规章制度可以作为确定用人单位和劳动者双方权利义务的依据，但需要符合通过民主程序制定，不违反国家法律、行政法规及政策规定，已向劳动者公示等三个前提条件。同时，根据《中华人民共和国劳动法》第三十六条的规定，国家实行劳动者每日工作时间不超过 8 小时、平均每周工作时间不超过 44 小时的工时制度。用人单位无权通过自行规定或约定改变工时制度。

本案中，某软件开发公司的劳动规章制度虽然经过民主程序，也向李某进行了公示和告知，但其中关于工作时间的规定超过了法定的工作时间，违反了《中华人民共和国劳动法》第三十六条的强制性规定，不对李某产生法律效力。因此，李某有权向某软件开发公司主张超出法定工作时间的加班费。

法律规定

《中华人民共和国劳动法》

第三十六条　国家实行劳动者每日工作时间不超过八小时、平均每周工作时间不超过四十四小时的工时制度。

《中华人民共和国劳动合同法》

第四条　用人单位应当依法建立和完善劳动规章制度，保障劳动者享有劳动权利、履行劳动义务。

用人单位在制定、修改或者决定有关劳动报酬、工作时间、休息休假、劳动安全卫生、保险福利、职工培训、劳动纪律以及劳动定额管理等直接涉及劳动者切身利益的规章制度或者重大事项时，应当经职工代表大会或者全体职工讨论，提出方案和意见，与工会或者职工代表平等协商确定。

在规章制度和重大事项决定实施过程中，工会或者职工认为不适当的，有权向用人单位提出，通过协商予以修改完善。

用人单位应当将直接涉及劳动者切身利益的规章制度和重大事项决定公示，或者告知劳动者。

《最高人民法院关于审理劳动争议案件适用法律问题的解释（一）》

第五十条　用人单位根据劳动合同法第四条规定，通过民主程序制定的规章制度，不违反国家法律、行政法规及政策规定，并已向劳动者公示的，可以作为确定双方权利义务的依据。

用人单位制定的内部规章制度与集体合同或者劳动合同约定的内容不一致，劳动者请求优先适用合同约定的，人民法院应予支持。

087 用人单位能否与劳动者自行约定实行不定时工作制？

基本案情

2021 年 11 月 1 日，齐某与某物业公司签订了为期 3 年的劳动合同，约定齐某担任公司安全员，所在岗位实行不定时工作制，月工资为 3500 元。某物业公司于 2022 年 4 月向当地人力资源社会保障部门就齐某所在的安全员岗位申请不定时工作制，批准期间为 2022 年 5 月至 2023 年 4 月。2023 年 9 月 30 日，齐某与某物业公司经协商解除劳动合同。在 2021 年 11 月至 2022 年 4 月，齐某一共在休息日工作了 10 天，公司既未安排调休也未支付休息日加班工资。齐某要求某物业公司支付上述休息日加班工资，某物业公司则以齐某实行不定时工作制为由未予支付。双方无法达成一致意见，2023 年 10 月，齐某向当地劳动人事争议仲裁委员会申请仲裁。

争议焦点

未经审批，某物业公司能否与齐某自行约定实行不定时工作制？

律师解说

依据法律法规的规定，用人单位可以与劳动者自行约定实行不定时工作制。不定时工作制是针对特定行业或岗位特性，允许员工在特定情况下灵活调整工作时间，但有着严格的适用主体与适用程序要求。只有符合国家规定的特殊岗位劳动者才能适用，如保洁人员、医疗救护车驾驶员、汽车驾驶员等，这些工作岗位因其临时性、突发性、机动性的特点而符合不定时工作制的适用条件。同时，需要经过人力资源和社会保障部门的审批，用人单位方能实行不定时工作制。

本案中，齐某所在的安全员岗位经审批实行不定时工作制的期间为2021年5月至2022年4月，在此期间内某公司依法可以不支付齐某休息日加班工资。而在2020年11月至2021年4月，某物业公司未经人力资源社会保障部门审批，对齐某所在岗位实行不定时工作制，违反相关法律规定。因此，应当认定在此期间齐某实行标准工作制，某物业公司应当依据《中华人民共和国劳动法》第四十四条的规定向张某支付休息日加班工资。

在司法实践中，用人单位在与劳动者约定实行不定时工作制时，需要满足以下几个条件：劳动合同中有明确约定；该约定已经得到劳动行政部门的批准；所涉及的工作岗位确实具有不定时工作制的适用特点（如临时性、突发性、机动性等）。只有当这些条件得到满足时，用人单位才能与劳动者自行约定实行不定时工作制，并保障劳动者的休息休假权利和工作任务的完成。

法律规定

《中华人民共和国劳动法》

第三十九条 企业因生产特点不能实行本法第三十六条、第三十八条规定的，经劳动行政部门批准，可以实行其他工作和休息办法。

第四十四条 有下列情形之一的，用人单位应当按照下列标准支付高于劳动者正常工作时间工资的工资报酬：

（一）安排劳动者延长工作时间的，支付不低于工资的百分之一百五十的工资报酬；

（二）休息日安排劳动者工作又不能安排补休的，支付不低于工资的百分之二百的工资报酬；

（三）法定休假日安排劳动者工作的，支付不低于工资的百分之三百的工资报酬。

《关于企业实行不定时工作制和综合计算工时工作制的审批办法》（劳部发〔1994〕503号）

第四条 企业对符合下列条件之一的职工，可以实行不定时工作制。

（一）企业中的高级管理人员、外勤人员、推销人员、部分值班人员和其他因工作无法按标准工作时间衡量的职工；

（二）企业中的长途运输人员、出租汽车司机和铁路、港口、仓库的部分装卸人员以及因工作性质特殊，需机动作业的职工；

（三）其他因生产特点、工作特殊需要或职责范围的关系，适合实行不定时工作制的职工。

第二节　休息休假

088 带薪年休假天数是按累计工龄计算，还是按在某一单位工作时间计算？

基本案情

2008年10月，霍某入职某教育公司，职位为日语老师。2020年7月31日，霍某与某教育公司解除劳动合同，并于2020年8月1日入职某外贸公司，职位为日语外贸员。

2020年12月5日，霍某向某外贸公司要求享受带薪年休假，但某外贸公司以霍某刚进入该公司未满1年为由拒绝了霍某的要求，认为霍某不应享受年休假。2021年1月，霍某诉至当地劳动人事争议仲裁委员会，要求某外贸公司按照工资收入的300%支付未休年休假的工资报酬。

争议焦点

霍某的带薪年休假天数应按累计工龄计算，还是按在某外贸公司的工作时间计算？

律师解说

带薪年休假是劳动者合法享有的假期，劳动者连续工作1年以上即可享受的一定时间的年假。在实践中，用人单位与劳动者之间常就应休年休假的天数发生争议。根据《企业职工带薪年休假实施办法》第四条的规定，年休假天数是按照职工累计的工作时间计算，并非按照在某一用人单位的工作时间计算。

在本案中，霍某的带薪年假天数应当从2008年入职某教育公司时开始计算，而非从2020年8月1日入职某外贸公司时开始计算。霍某在2008年至2020年累计工作已满10年，且已连续工作满1年以上，应当按照《职工带薪年休假条例》第三条及《企业职工带薪年休假实施办法》第三条的规定享有当年度年休假。某外贸公司未提供证据证明霍某已休带薪年休假或为其发放了带薪年休假工资，则应当以日工资收入的300%为标准支付霍某2020年的年休假工资报酬。

需要注意的是，劳动者对入职之前累计的工作时间负有举证责任，一般可以提前准备劳动合同、社保缴纳记录等材料予以证明。

法律规定

《职工带薪年休假条例》

第三条　职工累计工作已满1年不满10年的，年休假5天；已满10年不满20年的，年休假10天；已满20年的，年休假15天。

国家法定休假日、休息日不计入年休假的假期。

第五条 单位根据生产、工作的具体情况，并考虑职工本人意愿，统筹安排职工年休假。

年休假在 1 个年度内可以集中安排，也可以分段安排，一般不跨年度安排。单位因生产、工作特点确有必要跨年度安排职工年休假的，可以跨 1 个年度安排。

单位确因工作需要不能安排职工休年休假的，经职工本人同意，可以不安排职工休年休假。对职工应休未休的年休假天数，单位应当按照该职工日工资收入的 300% 支付年休假工资报酬。

《企业职工带薪年休假实施办法》

第三条 职工连续工作满 12 个月以上的，享受带薪年休假（以下简称年休假）。

第四条 年休假天数根据职工累计工作时间确定。职工在同一或者不同用人单位工作期间，以及依照法律、行政法规或者国务院规定视同工作期间，应当计为累计工作时间。

089 用人单位可以随意规定年休假天数吗？

基本案情

关某于2018年9月入职某酒店工作，双方订立了为期3年的书面劳动合同，约定每月工资包括基本工资、绩效工资以及加班工资。2021年10月，某酒店向关某发出《解除劳动合同通知书》，与关某解除劳动合同。随后关某向当地劳动人事争议仲裁委员会申请仲裁，要求某酒店支付2021年未休年假工资，关某认为其已经累计工作满11年，年休假应为10天。某酒店则抗辩认为，依据其规章制度的规定，入职某酒店不满5年的员工年休假为5天，因此某酒店应按照5天的标准折算关某的未休年假天数。

争议焦点

某酒店规定的年休假天数是否符合法律规定？

律师解说

用人单位在不违反现行法律法规的强制性规定下，可以经过民主程序，通过员工手册与职工约定年休假天数，这种约定在符合法律法规的情况下是有效的。《职工带薪年休假条例》第三条明确规定了年休假天数的标准和依据，即应以职工累计工作年限为标准和依据。

本案中，关某累计工作已满11年，虽然单位规章制度对职工年休假天数进行了规定，但这一规定明显违反了法律法规的规定，属于无效的规定。关某2021年工作了10个多月，据此折算其2021年应休未休年休假天数为8天，因此，某酒店应当支付关某8天未休年休假工资报酬。

法律规定

《职工带薪年休假条例》

第二条 机关、团体、企业、事业单位、民办非企业单位、有雇工的个体工商户等单位的职工连续工作1年以上的，享受带薪年休假（以下简称年休假）。单位应当保证职工享受年休假。职工在年休假期间享受与正常工作期间相同的工资收入。

第三条 职工累计工作已满1年不满10年的，年休假5天；已满10年不满20年的，年休假10天；已满20年的，年休假15天。

国家法定休假日、休息日不计入年休假的假期。

第五条 单位根据生产、工作的具体情况，并考虑职工本人意愿，统筹安排职工年休假。

年休假在1个年度内可以集中安排，也可以分段安排，一般不跨年度安排。单位因生产、工作特点确有必要跨年度安排职工年休假的，可以跨1个年度安排。

单位确因工作需要不能安排职工休年休假的，经职工本人同意，可以不安排职工休年休假。对职工应休未休的年休假天数，单位应当按照该职工日工资收入的300%支付年休假工资报酬。

090 劳动者未申请休年休假是否等同于放弃年休假补偿？

基本案情

2021 年 3 月 1 日，孔某入职某互联网公司担任技术员。入职当日，某互联网公司向孔某送达公司通过民主程序制定的《员工手册》，其中载明“员工申请年休假需在每年 12 月 31 日之前提出，并经公司同意后方可休假，在当日内未提出的，视为自动放弃当年年休假，公司不予补偿”，孔某签字确认。2023 年 2 月 28 日，双方劳动合同到期，公司通知不与孔某续订劳动合同。在办理离职手续时，孔某提出，2021 年至 2023 年，因工作繁忙，其未能休带薪年休假，故要求某互联网公司按照 300% 的标准支付相应的补偿。某互联网公司认为，孔某因自身原因未提出休年休假，按照公司员工手册的规定，公司无须支付补偿。

争议焦点

孔某未申请休年假视为放弃年休假补偿吗？

律师解说

根据《职工带薪年休假条例》第五条和《企业职工带薪年休假实施办法》第九条和第十条的规定，用人单位根据生产、工作的具体情况，并考虑职工本人意愿，统筹安排年休假。用人单位确因工作需要不能安排职工年休假或者跨1个年度安排年休假的，应征得职工本人同意，对职工应休未休的年休假天数，单位应当按照该职工日工资收入的300%支付年休假工资报酬，除非职工因本人原因且书面提出不休年休假。因此，用人单位具有安排职工进行年休假的法定义务，在未安排职工进行年休假时应当按照法定标准支付年休假工资报酬。根据《最高人民法院关于审理劳动争议案件适用法律问题的解释（一）》第五十条的规定，规章制度对员工发生法律效力的前提是其不违反法律、行政法规及政策规定。

本案中，某互联网公司《员工手册》中关于员工未申请年休假视为放弃的规定违反了相关法律法规，不发生法律效力。孔某虽未提出休年休假，但未通过书面提出因个人原因放弃休年休假，并不等同于放弃补偿权利。若某互联网公司未能证明孔某已放弃休年休假，则孔某有权要求某互联网公司按照法定标准支付相应的补偿。

法律规定

《职工带薪年休假条例》

第五条 单位根据生产、工作的具体情况，并考虑职工本人意愿，统筹安排职工年休假。

年休假在 1 个年度内可以集中安排，也可以分段安排，一般不跨年度安排。单位因生产、工作特点确有必要跨年度安排职工年休假的，可以跨 1 个年度安排。

单位确因工作需要不能安排职工休年休假的，经职工本人同意，可以不安排职工休年休假。对职工应休未休的年休假天数，单位应当按照该职工日工资收入的 300% 支付年休假工资报酬。

《企业职工带薪年休假实施办法》

第九条 用人单位根据生产、工作的具体情况，并考虑职工本人意愿，统筹安排年休假。用人单位确因工作需要不能安排职工年休假或者跨 1 个年度安排年休假的，应征得职工本人同意。

第十条 用人单位经职工同意不安排年休假或者安排职工年休假天数少于应休年休假天数，应当在本年度内对职工应休未休年休假天数，按照其日工资收入的 300% 支付未休年休假工资报酬，其中包含用人单位支付职工正常工作期间的工资收入。

用人单位安排职工休年休假，但是职工因本人原因且书面提出不休年休假的，用人单位可以只支付其正常工作期间的工资收入。

《最高人民法院关于审理劳动争议案件适用法律问题的解释（一）》

第五十条 用人单位根据劳动合同法第四条规定，通过民主程序制定的规章制度，不违反国家法律、行政法规及政策规定，并已向劳动者公示的，可以作为确定双方权利义务的依据。

用人单位制定的内部规章制度与集体合同或者劳动合同约定的内容不一致，劳动者请求优先适用合同约定的，人民法院应予支持。

091 职工休产假后还可以享有当年度带薪年休假吗？

基本案情

2021年4月，万某入职某运动品牌公司市场营销部，进行娱乐营销工作，专门对接明星活动。双方于2021年4月22日签订劳动合同，约定合同期限为3年，月工资12000元。

2023年2月，万某向该公司请休产假，产假期满后回到原工作岗位继续工作。同年11月，万某向公司人事部提出申请，要求享受当年的5天年休假。然而，人事部以万某已享受产假，无法再享受带薪年休假为由不予批准其申请。双方无法达成合意，劳动合同也于2024年4月期满终止。随后，万某向劳动人事争议仲裁委员会申请仲裁，请求该运动品牌公司支付2023年5天未休年休假工资。

争议焦点

万某休产假后还可以享有当年度带薪年休假吗？

律师解说

在享受基本工资待遇的基础上，国家对处于孕期、产期的女职工进行了特殊劳动保护，其中包括工作内容、产假待遇、薪酬待遇等方面。用人单位在根据特殊劳动保护规定保障女职工权益时，不应忽视女职工作为劳动者享有的普遍劳动权利，如年休假的权利。根据《企业职工带薪年休假实施办法》第六条、第十条的规定，职工依法享受的产假不计入年休假假期，若用人单位未为职工安排年休假，应当按照其日工资收入的 300% 支付未休年休假工资报酬。

本案中，万某虽在 2023 年 2 月开始享受产假，但产假与年休假并不冲突，属于两种分别独立的法定假期，两者可以共存。同时，万某不存在《职工带薪年休假条例》第四条规定的无法享受年休假的情况。因此，该运动品牌公司不得以已休产假为由拒绝提供万某该年度的带薪年休假。该运动品牌公司应向万某支付 2023 年 5 天未休的年休假工资。

法律规定

《企业职工带薪年休假实施办法》

第六条　职工依法享受的探亲假、婚丧假、产假等国家规定的假期以及因工伤停工留薪期间不计入年休假假期。

第十条　用人单位经职工同意不安排年休假或者安排职工年休假天数少于应休年休假天数，应当在本年度内对职工应休未休年休假天数，按照其日工资收入的300%支付未休年休假工资报酬，其中包含用人单位支付职工正常工作期间的工资收入。

用人单位安排职工休年休假，但是职工因本人原因且书面提出不休年休假的，用人单位可以只支付其正常工作期间的工资收入。

《职工带薪年休假条例》

第二条 机关、团体、企业、事业单位、民办非企业单位、有雇工的个体工商户等单位的职工连续工作1年以上的，享受带薪年休假（以下简称年休假）。单位应当保证职工享受年休假。职工在年休假期间享受与正常工作期间相同的工资收入。

第四条 职工有下列情形之一的，不享受当年的年休假：

（一）职工依法享受寒暑假，其休假天数多于年休假天数的；

（二）职工请事假累计20天以上且单位按照规定不扣工资的；

（三）累计工作满1年不满10年的职工，请病假累计2个月以上的；

（四）累计工作满10年不满20年的职工，请病假累计3个月以上的；

（五）累计工作满20年以上的职工，请病假累计4个月以上的。

092 女职工孕期因病请假未获批准，用人单位能否以违反规章制度为由单方辞退？

基本案情

林女士原系某公司行政部经理。某公司经民主程序制定的规章制度规定，员工请假应当说明请假理由并提交相应证明，经领导批准后方可休假。该规定已向林女士传阅，并获得其签字确认。2023 年 2 月 18 日，林女士经胚胎移植术后怀孕，医院诊断为先兆流产，医嘱为建议休息、卧床保胎。2023 年 2 月 21 日，林女士向某公司告知怀孕事实，并提交请假单和医院诊断证明书，申请请假 3 个月，公司领导不予批准。后林女士未到岗上班，并多次与公司领导协商沟通请假事宜均遭拒。2023 年 3 月 1 日及 8 日，医院两次复查后开具证明，均建议林女士卧床休息，两次证明已由林女士发送至公司领导微信并确认收到。2023 年 3 月 15 日，某公司领导通过微信向林女士发送《辞退通知》，事由为“无故连续旷工”。

林女士认为，其已向某公司提交请假申请及相应证明，不属于无故旷工，某公司解除劳动合同缺乏事实和法律依据，应认定为违法解除并向其支付赔偿金。

某公司认为，公司领导未对林女士的请假申请进行批准，林女士如有异议，可采取其他维权措施。但在争议解决前，林女士应继续到岗或重新完善请假手续，擅自离开岗位属于违反公司规章制度，某公司解除劳动合同合法。

争议焦点

女职工因怀孕保胎向某公司请假未获批准后没有继续到岗的，某公司能否以无故旷工违反规章制度为由进行辞退？

律师解说

某公司关于请假的相关规章制度经民主程序制定符合法律规定，且已向林女士履行了相应告知程序，可以作为处理林女士与某公司之间劳动关系的依据。具体判断林女士未到岗的行为是否违反规章制度时，需要遵循法律法规的相关规定，符合依法保障妇女权益和劳动者利益的精神。在林女士怀孕的情况下，某公司应遵循《中华人民共和国妇女权益保障法》第四十七条的规定，对孕期妇女予以特殊保护。林女士因怀孕保胎需要向某公司申请请假休息，且提供了请假申请和医院证明材料，符合公司规章制度规定的请假程序。虽然 2022 年 2 月 18 日医院诊断证明中未明确载明建议休息时长，但确有建议林女士休息保胎的相应医嘱，且后续林女士存在多次就诊事实，均证明林女士具有长期请假的合理事由。某公司未予批准请假申请违反了保护孕期妇女的法律规定，认定林女士无故连续旷工缺乏事实和法律依据，其解除劳动合同属违法解除，应向林女士支付违法解除劳动合同的赔偿金。

法律规定

《中华人民共和国劳动合同法》

第三十九条　劳动者有下列情形之一的，用人单位可以解除劳动合同：

（一）在试用期间被证明不符合录用条件的；

（二）严重违反用人单位的规章制度的；

（三）严重失职，营私舞弊，给用人单位造成重大损害的；

（四）劳动者同时与其他用人单位建立劳动关系，对完成本单位的工作任务造成严重影响，或者经用人单位提出，拒不改正的；

（五）因本法第二十六条第一款第一项规定的情形致使劳动合同无效的；

（六）被依法追究刑事责任的。

《最高人民法院关于审理劳动争议案件适用法律问题的解释（一）》

第五十条第一款　用人单位根据劳动合同法第四条规定，通过民主程序制定的规章制度，不违反国家法律、行政法规及政策规定，并已向劳动者公示的，可以作为确定双方权利义务的依据。

《中华人民共和国妇女权益保障法》

第四十七条 用人单位应当根据妇女的特点，依法保护妇女在工作和劳动时的安全、健康以及休息的权利。

妇女在经期、孕期、产期、哺乳期受特殊保护。

093 女职工产假期间，用人单位是否可以终止劳动合同？

基本案情

马某于2020年8月入职某科技公司担任客服主管，双方签订了书面劳动合同，合同期限3年，并约定马某月工资3350元。2023年7月起，马某因分娩休产假。产假期间，某科技公司通知马某双方劳动关系因劳动合同期满终止。马某随即申请劳动仲裁，请求裁决确认该公司终止劳动合同的行为违法并要求支付赔偿金。

争议焦点

某科技公司在马某产假期间是否有权终止劳动合同？

律师解说

依据《中华人民共和国劳动合同法》第四十二条、第四十五条之规定，女职工在孕期、产期、哺乳期劳动合同期满的，劳动合同应当延续至孕期、产期、哺乳期期满时终止。

本案中，马某与某公司劳动合同在产假期间届满，其劳动合同期限应延续至马某哺乳期结束。因此，该公司在马某产假期间以双方劳动合同期满为由终止劳动合同，不符合法律规定，属于违法终止劳动合同，应向马某支付赔偿金。

此外，需要注意的是，根据《中华人民共和国劳动合同法》的相关规定，用人单位在女职工孕期、产期、哺乳期内不得解除劳动合同，但也有例外情况，如果劳动者严重违反了用人单位的规章制度，用人单位是可以依法解除劳动合同的。

法律规定

《女职工劳动保护特别规定》

第五条　用人单位不得因女职工怀孕、生育、哺乳降低其工资、予以辞退、与其解除劳动或者聘用合同。

《中华人民共和国劳动合同法》

第四十二条　劳动者有下列情形之一的，用人单位不得依照本法第四十条、第四十一条的规定解除劳动合同：

（一）从事接触职业病危害作业的劳动者未进行离岗前职业健康检查，或者疑似职业病病人在诊断或者医学观察期间的；

（二）在本单位患职业病或者因工负伤并被确认丧失或者部分丧失劳动能力的；

（三）患病或者非因工负伤，在规定的医疗期内的；

（四）女职工在孕期、产期、哺乳期的；

（五）在本单位连续工作满十五年，且距法定退休年龄不足五年的；

（六）法律、行政法规规定的其他情形。

第四十五条　劳动合同期满，有本法第四十二条规定情形之一的，劳动合同应当续延至相应的情形消失时终止。但是，本法第四十二条第二项规定丧失或者部分丧失劳动能力劳动者的劳动合同的终止，按照国家有关工伤保险的规定执行。

094 女职工是否有权申请延长产假？

基本案情

2021 年 1 月，孙某入职厦门某机械公司担任会计，并于入职时签收某机械公司的《员工手册》，其中记载“员工一年内旷工达到 15 日或连续旷工达到 5 日的，公司有权予以辞退”。2022 年 2 月，某机械公司女职工孙某因生育向公司申请休 98 天的产假，公司予以同意。此后，孙某因符合福建省延长产假的条件向某机械公司申请延长 60 天的产假，某机械公司未同意。2022 年 6 月 5 日，某机械公司通知孙某返岗。孙某向公司说明此时处于延长产假期间，故未返岗。2022 年 6 月 15 日，某机械公司以孙某连续旷工达到 5 日违反《员工手册》为由与孙某解除劳动合同。孙某认为其仍处于法定延长产假期内，某机械公司无权解除劳动合同，其解除劳动合同的行为违反法律规定，遂向当地劳动人事争议仲裁委员会申请仲裁，要求某机械公司支付违法解除劳动合同的赔偿金。

争议焦点

孙某在申请 98 天产假后，能否继续申请延长产假？

律师解说

根据《女职工劳动保护特别规定》第七条和《福建省人口与计划生育条例》第二十四条第一款的规定，女职工生育享受 98 天产假，其中产前可以休假 15 天，符合相关规定的，女职工可以延长产假不少于 60 天。

本案中，孙某在休完国家规定的 98 天产假后，有权向某公司提出再休 60 天的延长产假。某机械公司对孙某合法享有的延长产假申请未予批准，违反了法律规定。该期间内，孙某有权依法休息，某机械公司以其未到岗为由认定孙某旷工并借此解除劳动合同，属于违法解除，应当根据《中华人民共和国劳动合同法》第四十八条的规定向孙某支付赔偿金。

法律规定

《女职工劳动保护特别规定》

第七条　女职工生育享受 98 天产假，其中产前可以休假 15 天；难产的，增加产假15天；生育多胞胎的，每多生育1个婴儿，增加产假15天。

女职工怀孕未满4个月流产的，享受15天产假；怀孕满4个月流产的，享受42天产假。

《福建省人口与计划生育条例》

第二十四条第一款 依法办理结婚登记的夫妻享受婚假十五日；符合本条例生育子女的夫妻，女方产假延长为一百五十八日至一百八十日，男方照顾假为十五日，在其子女年满三周岁之前，每年给予夫妻双方各十天育儿假。婚假、产假、照顾假、育儿假期间，工资、福利待遇不变，不影响晋升。

《中华人民共和国劳动合同法》

第四十八条 用人单位违反本法规定解除或者终止劳动合同，劳动者要求继续履行劳动合同的，用人单位应当继续履行；劳动者不要求继续履行劳动合同或者劳动合同已经不能继续履行的，用人单位应当依照本法第八十七条规定支付赔偿金。

095 用人单位是否可以终止哺乳期女职工的劳动合同？

基本案情

孙某于2019年10月21日至某公司工作，与某公司签订了一份为期3年的劳动合同，劳动合同期限为2019年10月21日至2022年10月20日。在劳动合同履行期间，孙某于2021年12月16日生育。2022年9月30日，某公司通知孙某双方劳动合同将于2022年10月20日到期，某公司将不与孙某续签劳动合同。

孙某认为，依照法律规定其哺乳期应于2022年12月15日届满，其劳动合同应顺延至哺乳期届满之日，然而某公司却于2022年10月20日提前解除劳动合同，已经构成违法解除劳动合同，故要求某公司支付赔偿金。

争议焦点

某公司于2022年10月20日终止与孙某之间的劳动合同是否符合法律规定？

律师解说

依据《中华人民共和国劳动法》第六十三条与《福建省女职工劳动保护条例》第八条的规定，哺乳期为婴儿出生之日起计算1年。这一期间为法定不变期间，用人单位不得随意缩短法定哺乳期间。另据《中华人民共和国劳动合同法》第四十二条与第四十五条的规定，女职工尚在哺乳期时，除法定情形外，用人单位不得与其解除劳动合同并且还需将劳动合同延续至哺乳期届满。本案中，虽然孙某与某公司签订的劳动合同于2022年10月20日到期，但因孙某于2021年12月16日生育，哺乳期应自该日起计算至2022年12月15日，故某公司不与孙某续订劳动合同的话，亦应将劳动合同延续至2022年12月15日。然某公司于哺乳期届满前提前终止劳动合同，属于违法解除劳动合同，应当向孙某支付赔偿金。

法律规定

《中华人民共和国劳动法》

第六十三条 不得安排女职工在哺乳未满一周岁的婴儿期间从事国家规定的第三级体力劳动强度的劳动和哺乳期禁忌从事的其他劳动，不得安排其延长工作时间和夜班劳动。

《福建省女职工劳动保护条例》

第八条 女职工在孕期、产期、哺乳期（指自婴儿出生之日起至满一周岁止）内，除有法律、法规规定的情形外，用人单位不得解除劳动关系。劳动合同期满而孕期、产期、哺乳期未满的，除女职工本人提出解除劳动合同外，劳动合同的期限自动延续至孕期、产期、哺乳期期满。

《中华人民共和国劳动合同法》

第四十二条　劳动者有下列情形之一的，用人单位不得依照本法第四十条、第四十一条的规定解除劳动合同：

（一）从事接触职业病危害作业的劳动者未进行离岗前职业健康检查，或者疑似职业病病人在诊断或者医学观察期间的；

（二）在本单位患职业病或者因工负伤并被确认丧失或者部分丧失劳动能力的；

（三）患病或者非因工负伤，在规定的医疗期内的；

（四）女职工在孕期、产期、哺乳期的；

（五）在本单位连续工作满十五年，且距法定退休年龄不足五年的；

（六）法律、行政法规规定的其他情形。

第四十五条　劳动合同期满，有本法第四十二条规定情形之一的，劳动合同应当续延至相应的情形消失时终止。但是，本法第四十二条第二项规定丧失或者部分丧失劳动能力劳动者的劳动合同的终止，按照国家有关工伤保险的规定执行。

096 男职工陪产时是否享有照顾假权利？

基本案情

赵某于2023年6月至某影楼从事摄影工作。2023年8月2日起，由于赵某妻子待产，赵某返回老家陪产后未再出勤。赵某妻子于2023年8月3日生育一女，2023年8月18日赵某回到某影楼打算复工，某影楼以赵某无故旷工且未履行相关请假手续为由要求与赵某解除劳动关系。赵某同意与某影楼解除劳动关系，但要求某影楼支付在其陪产照顾期间克扣的工资。某影楼认为，赵某在陪产期间未能出勤，不应向赵某支付工资。双方因此发生争议。

争议焦点

某影楼拒绝向陪产照顾的赵某支付工资的行为是否符合法律规定？

律师解说

照顾假也称陪产假，是指男职工在配偶产假期间享受的有一定时间看护、照料配偶，为女性分担生育责任的权利。照顾假期间发放的工资是一种福利待遇，并非劳动报酬。多数地方政府制定了相应的人口与计划生育条例，明确规定了男职工享有陪产假的权利，通常为 15 天。依据《福建省人口与计划生育条例》第二十四条第一款的规定，男方照顾假为 15 日，在陪产假期间，用人单位应按照正常出勤标准支付工资。

在本案中，赵某因妻子待产于 2023 年 8 月 2 日起回老家陪产照顾，在照顾假期间应视为出勤，应当照发工资，因此某影楼应向赵某支付克扣的 15 天照顾假工资。

需要注意的是，对于未休陪产假或未休完陪产假的男职工，通常不能要求用人单位支付加班费或补偿、赔偿，除非有相应规定或约定的。

法律规定

《福建省人口与计划生育条例》

第二十四条第一款　依法办理结婚登记的夫妻享受婚假十五日；符合本条例生育子女的夫妻，女方产假延长为一百五十八日至一百八十日，男方照顾假为十五日，在其子女年满三周岁之前，每年给予夫妻双方各十天育儿假。婚假、产假、照顾假、育儿假期间，工资、福利待遇不变，不影响晋升。

097 “三期”女职工严重违反规章制度，用人单位能否解除劳动合同？

基本案情

田某于2022年3月25日入职某机械公司，从事操作工作。入职当天，田某与某机械公司签署了书面劳动合同并熟悉了公司的规章制度。在入职后的3天内，某机械公司又组织了一次新员工集中培训，集中学习了某机械公司经民主程序制定的规章制度，要求田某在员工手册上签字并进行规章制度的考试，确保田某对公司规章制度的充分了解。

2023年6月20日，田某发现自己怀孕，其在未履行某机械公司要求的请假手续的情况下连续10天未到公司正常上班工作。2023年7月10日，某机械公司向田某送达返岗通知书未果后，某机械公司认为田某无故旷工，经告知工会后作出了解除劳动合同的决定。

田某对公司的决定表示不满，随后向当地劳动人事争议仲裁委员会提起了劳动仲裁，要求恢复与某机械公司的劳动关系。

争议焦点

田某怀孕期间严重违反规章制度，某机械公司能否解除劳动合同？

律师解说

依据《中华人民共和国劳动合同法》第四十二条第四款的规定，女职工处于孕期、产期、哺乳期时，即使出现了该法第四十条、第四十一条规定的情形，用人单位也不能解除劳动合同。但是该法第三十九条亦规定了劳动者存在严重违反用人单位规章制度时，用人单位合法解除劳动关系不需要支付任何补偿与赔偿。田某在明知某机械公司的各项规章制度的情形下，未履行相关请假手续擅自休息，经单位告知后仍未正常返岗工作。某机械公司根据《中华人民共和国劳动合同法》第三十九条及单位规章制度解除劳动合同并履行了告知工会程序，系合法解除，因此田某无权要求恢复与某机械公司的劳动关系。

法律规定

《中华人民共和国劳动合同法》

第三十九条　劳动者有下列情形之一的，用人单位可以解除劳动合同：

（一）在试用期间被证明不符合录用条件的；

（二）严重违反用人单位的规章制度的；

（三）严重失职，营私舞弊，给用人单位造成重大损害的；

（四）劳动者同时与其他用人单位建立劳动关系，对完成本单位的工作任务造成严重影响，或者经用人单位提出，拒不改正的；

（五）因本法第二十六条第一款第一项规定的情形致使劳动合同无效的；

（六）被依法追究刑事责任的。

第四十二条 劳动者有下列情形之一的，用人单位不得依照本法第四十条、第四十一条的规定解除劳动合同：

（一）从事接触职业病危害作业的劳动者未进行离岗前职业健康检查，或者疑似职业病病人在诊断或者医学观察期间的；

（二）在本单位患职业病或者因工负伤并被确认丧失或者部分丧失劳动能力的；

（三）患病或者非因工负伤，在规定的医疗期内的；

（四）女职工在孕期、产期、哺乳期的；

（五）在本单位连续工作满十五年，且距法定退休年龄不足五年的；

（六）法律、行政法规规定的其他情形。

《最高人民法院关于审理劳动争议案件适用法律问题的解释（一）》

第五十条 用人单位根据劳动合同法第四条规定，通过民主程序制定的规章制度，不违反国家法律、行政法规及政策规定，并已向劳动者公示的，可以作为确定双方权利义务的依据。

用人单位制定的内部规章制度与集体合同或者劳动合同约定的内容不一致，劳动者请求优先适用合同约定的，人民法院应予支持。

第三节 医 疗 期

098 医疗期满，劳动者继续请病假，用人单位可以解除劳动关系吗？

基本案情

林某于2010年入职某酒店，职位为酒店保安。2016年1月1日，在连续签订两份固定期限劳动合同后，双方签订了一份无固定期限劳动合同。2020年1月1日开始，林某因腰椎间盘突出等原因申请长期请假，并提供了当地三甲医院开具的《诊断证明》。《诊断证明》显示，林某因病需要休息至2020年12月1日。2020年11月25日，在林某医疗期届满前，某酒店向林某送达医疗期满返岗工作通知，要求其于2021年1月1日前返岗，林某以医嘱要求继续休息为由，继续请假，并未返岗。因林某长期未能返岗，且始终未能提供要求继续休息的诊疗材料，某酒店决定解除与林某之间的劳动关系。某酒店遂向其送达了解除劳动合同通知书。林某不服，申请劳动仲裁。

争议焦点

医疗期满，林某继续请病假，某酒店可以解除劳动关系吗？

律师解说

根据《中华人民共和国劳动合同法》第四十条第一项的规定，劳动者患病或者非因工负伤，在规定的医疗期满后不能从事原工作，也不能从事由用人单位另行安排的工作的，用人单位提前 30 日以书面形式通知劳动者本人或者额外支付劳动者 1 个月工资后，可以解除劳动合同。

本案中，林某的医疗期于 2020 年 12 月 1 日届满。医疗期届满前，某酒店已向林某发送了医疗期满返岗通知书，明确告知林某医疗期届满及返岗时间，并告知了未按时返岗的法律后果。某酒店的上述行为已尽到了必要的通知义务和诚实磋商义务。林某在收到返岗通知书后仍以腰椎间盘突出为由要求继续请休病假，拒绝返岗工作，拒绝与某酒店就变更工作岗位进行协商。结合林某所患病情并未使其丧失劳动能力，不属于因病无法到岗工作的情形，某酒店通知张某解除劳动合同符合《中华人民共和国劳动合同法》第四十条第一项的规定，此种情况下某酒店与其解除劳动合同并没有违反相关法律的规定。

法律规定

《企业职工患病或非因工负伤医疗期规定》

第三条 企业职工因患病或非因工负伤，需要停止工作医疗时，根据本人实际参加工作年限和在本单位工作年限，给予三个月到二十四个月的医疗期：

（一）实际工作年限十年以下的，在本单位工作年限五年以下的为三个月；五年以上的为六个月。

（二）实际工作年限十年以上的，在本单位工作年限五年以下的为六个月；五年以上十年以下的为九个月；十年以上十五年以下的为十二个月；十五年以上二十年以下的为十八个月；二十年以上的为二十四个月。

《中华人民共和国劳动合同法》

第四十条 有下列情形之一的，用人单位提前三十日以书面形式通知劳动者本人或者额外支付劳动者一个月工资后，可以解除劳动合同：

（一）劳动者患病或者非因工负伤，在规定的医疗期满后不能从事原工作，也不能从事由用人单位另行安排的工作的；

（二）劳动者不能胜任工作，经过培训或者调整工作岗位，仍不能胜任工作的；

（三）劳动合同订立时所依据的客观情况发生重大变化，致使劳动合同无法履行，经用人单位与劳动者协商，未能就变更劳动合同内容达成协议的。

099 员工患病处于医疗期，可以被“裁员”吗？

基本案情

2022 年 8 月 10 日，何某于毕业后入职某公司。双方签订了为期 3 年的劳动合同。2023 年 7 月 10 日，何某突感身体不适，到医院检查后发现自己患上胃癌，于是留院治疗，并向单位申请病假。然而，2023 年 7 月 31 日，某公司向何某发出《裁员通知书》，声称公司效益不好，需要进行裁员，并且何某被列入裁员名单。某公司表示愿意向何某支付相应的经济补偿。

何某认为自己尚在医疗期内，某公司通过裁员的方式解除双方劳动合同违反法律规定，遂申请仲裁要求某公司继续履行劳动合同。

争议焦点

何某处于医疗期，某公司是否可以通过裁员的方式与其解除劳动关系？

律师解说

根据《中华人民共和国劳动合同法》的相关规定，医疗期是指劳动者因患病或非因工负伤停止工作、治病和休息的期间，这期间用人单位不得解除劳动合同，除非劳动者有严重违法或者违反规章制度的情形。根据《企业职工患病或非因工负伤医疗期规定》第三条中关于员工医疗期的规定，何某的医疗期应为 3 个月，2023 年 7 月 31 日，何某尚处在医疗期内，按照法律规定，某公司不得在此期间解除与何某的劳动关系，故何某要求某公司恢复劳动关系具有事实与法律依据。若何某医疗期满后不能从事原工作，也不能从事由某公司另行安排的工作，则某公司方能依据《中华人民共和国劳动合同法》第四十条的规定单方解除合同，并给予何某相应经济补偿。

法律规定

《中华人民共和国劳动合同法》

第四十条　有下列情形之一的，用人单位提前三十日以书面形式通知劳动者本人或者额外支付劳动者一个月工资后，可以解除劳动合同：

（一）劳动者患病或者非因工负伤，在规定的医疗期满后不能从事原工作，也不能从事由用人单位另行安排的工作的；

（二）劳动者不能胜任工作，经过培训或者调整工作岗位，仍不能胜任工作的；

（三）劳动合同订立时所依据的客观情况发生重大变化，致使劳动合同无法履行，经用人单位与劳动者协商，未能就变更劳动合同内容达成协议的。

第四十二条 劳动者有下列情形之一的，用人单位不得依照本法第四十条、第四十一条的规定解除劳动合同：

（一）从事接触职业病危害作业的劳动者未进行离岗前职业健康检查，或者疑似职业病病人在诊断或者医学观察期间的；

（二）在本单位患职业病或者因工负伤并被确认丧失或者部分丧失劳动能力的；

（三）患病或者非因工负伤，在规定的医疗期内的；

（四）女职工在孕期、产期、哺乳期的；

（五）在本单位连续工作满十五年，且距法定退休年龄不足五年的；

（六）法律、行政法规规定的其他情形。

《企业职工患病或非因工负伤医疗期规定》

第三条 企业职工因患病或非因工负伤，需要停止工作医疗时，根据本人实际参加工作年限和在本单位工作年限，给予三个月到二十四个月的医疗期：

（一）实际工作年限十年以下的，在本单位工作年限五年以下的为三个月；五年以上的为六个月。

（二）实际工作年限十年以上的，在本单位工作年限五年以下的为六个月；五年以上十年以下的为九个月；十年以上十五年以下的为十二个月；十五年以上二十年以下的为十八个月；二十年以上的为二十四个月。

100 医疗期内，单位可以解除劳动合同吗？

基本案情

焦某是某公司员工，双方签订有期限自2013年6月1日起的无固定期限劳动合同。在入职当日，某公司向焦某送达了经民主程序制定的《员工手册》，其中载明“员工如需请假，应当通过公司OA系统提出申请，并提交相应证明文件”以及“员工当年度旷工达到5次的，公司可以辞退，且不支付任何经济补偿”。2023年8月18日，焦某被诊断患有重度抑郁症，于是向部门主管成某发送短信表示其在医院住院，无法至公司上班。成某回复要求焦某按照公司流程休病假，提交休假申请。因焦某未提交申请，次日，成某再次发短信询问焦某休假多长时间，要求焦某将诊断证明提交。2023年8月19日至9月2日，焦某连续4次通过公司的OA系统申请病假，但一直没有提交病例证明。某公司向焦某出具4次严重警告信，并要求焦某于次日下班前按照公司相关规定将医院出具的病假证明递交给成某。然而，焦某在每次收到警告信后不仅没有理会，仍然多次申请病假未提交病假证明，且未与成某进行任何沟通。2023 年 9 月 3 日，某公司再次向焦某出具严重警告信，说明焦某的行为已违反了公司《员工手册》的相关规定，如果焦某再犯类似行为，某公司保留解除劳动合同的权利，并限期要求焦某按照公司相关规定提交医院出具的病假证明。焦某在 2023 年 9 月 4 日再次请假，且仍未提交相关病例。

2023 年 9 月 5 日，某公司以焦某旷工多次为由出具解除劳动合同通知信并通过快递的方式邮寄给焦某。焦某认为其患有重度抑郁症，可享受 18 个月医疗期，某公司在焦某法定医疗期内和已经批准的病假未满之时，解除劳动合同违法。某公司认为，焦某已严重违反劳动纪律，某公司可以依法解除双方劳动关系。双方就此发生争议。

争议焦点

焦某在医疗期内严重违纪，某公司是否可以解除劳动合同？

律师解说

根据《中华人民共和国劳动合同法》第四十二条的规定，医疗期是指企业职工因患病或非因工负伤停止工作治病休息，用人单位不得基于《中华人民共和国劳动合同法》第四十条和第四十一条解除劳动合同的时限，但用人单位仍然保留基于第三十九条辞退过错劳动者的权利。在劳动合同履行期间，劳动者应当遵守劳动纪律和公司规章制度，如果劳动者严重违反劳动规章制度的，即使在医疗期内，用人单位也可以以劳动者严重违纪为由解除劳动合同。

本案中，某公司《员工手册》规定劳动者请假应当提交相应证明文件，该规定不违反法律法规，且符合常理，劳动者应当遵守。本案中，焦某通过某公司的 OA 系统申请病假，但未将医疗机构出具的病假单交给某公司，且在某公司多次向焦某发送警告信要求其按时提交病假单的情况下，焦某仍未及时提交，已构成严重违反劳动纪律。因此，某公司以此为由解除劳动合同，依法有据，某公司无须支付违法解除劳动合同赔偿金。

法律规定

《中华人民共和国劳动合同法》

第三十九条　劳动者有下列情形之一的，用人单位可以解除劳动合同：

（一）在试用期间被证明不符合录用条件的；

（二）严重违反用人单位的规章制度的；

（三）严重失职，营私舞弊，给用人单位造成重大损害的；

（四）劳动者同时与其他用人单位建立劳动关系，对完成本单位的工作任务造成严重影响，或者经用人单位提出，拒不改正的；

（五）因本法第二十六条第一款第一项规定的情形致使劳动合同无效的；

（六）被依法追究刑事责任的。

第四十二条　劳动者有下列情形之一的，用人单位不得依照本法第四十条、第四十一条的规定解除劳动合同：

（一）从事接触职业病危害作业的劳动者未进行离岗前职业健康检查，或者疑似职业病病人在诊断或者医学观察期间的；

（二）在本单位患职业病或者因工负伤并被确认丧失或者部分丧失劳动能力的；

（三）患病或者非因工负伤，在规定的医疗期内的；

（四）女职工在孕期、产期、哺乳期的；

（五）在本单位连续工作满十五年，且距法定退休年龄不足五年的；

（六）法律、行政法规规定的其他情形。

第五章

社会保险

第一节　社会保险费的缴纳

101 试用期需要帮员工缴纳社会保险费吗？

基本案情

2023 年 4 月 1 日李某入职某公司，双方在《劳动合同》中约定劳动合同期限为 3 年，试用期为 2 个月，试用期工资为 8000 元，转正后工资为 10000 元。试用期期间，某公司认为李某还在试用期考核，未正式转正，故未为李某缴纳社会保险费，计划等转正后再缴纳。2023 年 6 月 1 日，公司以李某在试用期内不符合录用条件为由单方解除劳动合同。

李某不服，向当地劳动人事争议仲裁委员会提起劳动仲裁，要求补交试用期期间社会保险费。

争议焦点

试用期内某公司需要帮李某缴纳社会保险费吗？

律师解说

用人单位为劳动者缴纳社保，是一项法定的强制性义务。根据《中华人民共和国劳动合同法》第十九条的规定，试用期包含在劳动合同期限内，属于正式劳动期限的一部分。劳动者在试用期内应享受法定的全部劳动保障权利，用人单位不能因劳动者处于试用期内而将其与其他劳动者区别对待。根据《中华人民共和国社会保险法》第五十八条的规定，用人单位应当自用工之日起 30 日内为其职工向社会保险经办机构申请办理社会保险登记，为劳动者参加社会保险并依法缴纳社会保险费是用人单位的法定义务，该项义务由正式用工之日起产生，不受试用期的影响。因此，即使在试用期，某公司仍应为李某缴纳试用期期间的社会保险费。

法律规定

《中华人民共和国劳动合同法》

第十九条　劳动合同期限三个月以上不满一年的，试用期不得超过一个月；劳动合同期限一年以上不满三年的，试用期不得超过二个月；三年以上固定期限和无固定期限的劳动合同，试用期不得超过六个月。

同一用人单位与同一劳动者只能约定一次试用期。

以完成一定工作任务为期限的劳动合同或者劳动合同期限不满三个月的，不得约定试用期。

试用期包含在劳动合同期限内。劳动合同仅约定试用期的，试用期不成立，该期限为劳动合同期限。

《中华人民共和国社会保险法》

第五十八条　用人单位应当自用工之日起三十日内为其职工向社会保险经办机构申请办理社会保险登记。未办理社会保险登记的，由社会保险经办机构核定其应当缴纳的社会保险费。

自愿参加社会保险的无雇工的个体工商户、未在用人单位参加社会保险的非全日制从业人员以及其他灵活就业人员，应当向社会保险经办机构申请办理社会保险登记。

国家建立全国统一的个人社会保障号码。个人社会保障号码为公民身份号码。

第六十三条　用人单位未按时足额缴纳社会保险费的，由社会保险费征收机构责令其限期缴纳或者补足。

用人单位逾期仍未缴纳或者补足社会保险费的，社会保险费征收机构可以向银行和其他金融机构查询其存款账户；并可以申请县级以上有关行政部门作出划拨社会保险费的决定，书面通知其开户银行或者其他金融机构划拨社会保险费。用人单位账户余额少于应当缴纳的社会保险费的，社会保险费征收机构可以要求该用人单位提供担保，签订延期缴费协议。

用人单位未足额缴纳社会保险费且未提供担保的，社会保险费征收机构可以申请人民法院扣押、查封、拍卖其价值相当于应当缴纳社会保险费的财产，以拍卖所得抵缴社会保险费。

102 单位没给员工缴纳社会保险费，员工生病可以要求单位赔偿吗？

基本案情

2015 年，俞某入职某学校担任幼教。某学校自 2015 年起为俞某缴纳职工基本医疗保险费至 2023 年 2 月底，自 2023 年 3 月起学校停止为俞某缴纳职工基本医疗保险费。2023 年 10 月，俞某因身体不适到医院检查，发现肿瘤需要做手术，此后俞某未到学校上班。患病期间，俞某花费医疗费共计 127280.58 元，其中俞某自费支出 89979.58 元，向新农合机构报销 37301 元。

俞某认为，由于学校没有为其缴纳职工医疗保险费，致使其无法向职工医疗保险机构报销医疗费用，学校应当赔偿其不能报销部分的医疗费。

某学校认为，俞某已经通过新农合机构报销相应费用，与医疗保险重合，不存在医疗保险核报的问题，因此某学校无须赔偿。

争议焦点

俞某因某学校未缴纳医疗保险费导致无法足额报销医疗费用，某学校是否应当对差额损失承担赔偿责任？

律师解说

根据《中华人民共和国社会保险法》第二十三条的相关规定，为职工缴纳基本医疗保险等社会保险属于用人单位的法定义务，且参保人员依法享受基本医疗保险待遇，即符合基本医疗保险药品目录、诊疗项目、医疗服务设施标准以及急诊、抢救产生的医疗费用，从基本医疗保险基金中支付，并由社会保险经办机构与医疗机构、药品经营单位直接结算。

本案中，某学校作为俞某的用人单位，具有为其缴纳社会保险费的法定义务，但某学校却无故停止为俞某缴纳基本医疗保险，导致俞某无法享受基本医疗保险待遇并受损，故俞某依法有权要求学校赔偿该部分损失。

俞某已经通过新农合机构报销部分医疗费，但不能免除某学校的全部赔偿责任。由于新农合机构报销的费用远低于基本医疗保险所能报销的费用，两者并不相同，因某学校未依法给俞某缴纳社保致使俞某无法向基本医疗保险核销费用，导致了相关损失，基本医疗保险与新农合机构报销之间的差额属于俞某的损失，某学校应当予以赔偿。

法律规定

《中华人民共和国社会保险法》

第二十三条 职工应当参加职工基本医疗保险，由用人单位和职工按照国家规定共同缴纳基本医疗保险费。

无雇工的个体工商户、未在用人单位参加职工基本医疗保险的非全日制从业人员以及其他灵活就业人员可以参加职工基本医疗保险，由个人按照国家规定缴纳基本医疗保险费。

103 用人单位能否以购买商业保险代替缴纳工伤保险？

基本案情

张某于2019年3月入职某科技公司任职文员，双方签订了为期3年的劳动合同。某公司为张某等员工购买了商业人身意外伤害保险，双方约定如果在聘用期间内发生工伤伤亡事件，统一由商业保险进行赔偿。同年6月，张某在上班途中发生交通事故导致受伤。经当地交警大队认定，张某在该起交通事故中不负主要责任。此后，当地人力资源和社会保障部门也将该事故认定为工伤。

张某之后以某公司未对其办理工伤保险为由要求其承担相应赔偿责任，某公司则认为双方已约定由商业保险统一进行赔偿，并且保险公司已经进行理赔，其无须另行进行赔偿。双方始终无法就该问题达成一致意见。

争议焦点

某公司为张某购买商业保险后能否免除其缴纳工伤保险的义务？

律师解说

依据《工伤保险条例》第六十二条第二款的规定，用人单位应当依法为本单位全部职工参加工伤保险，应当参加而未参加工伤保险的职工发生工伤，用人单位应按照该条例规定的工伤保险待遇项目和标准支付费用。

本案中，某公司虽然为张某购买人身意外伤害保险，但不能免除其参加工伤保险的法定义务。张某在依照商业保险合同获得赔偿的同时，仍有权享受工伤保险赔偿，二者并非相互替代关系，某公司以商业保险已赔付为由拒绝支付工伤保险赔偿的理由不成立。某公司没有为张某办理工伤保险，应当依照前述条例规定，按工伤保险待遇项目和标准向张某支付相应费用。

法律规定

《工伤保险条例》

第十四条 职工有下列情形之一的，应当认定为工伤：

（一）在工作时间和工作场所内，因工作原因受到事故伤害的；

（二）工作时间前后在工作场所内，从事与工作有关的预备性或者收尾性工作受到事故伤害的；

（三）在工作时间和工作场所内，因履行工作职责受到暴力等意外伤害的；

（四）患职业病的；

（五）因工外出期间，由于工作原因受到伤害或者发生事故下落不明的；

（六）在上下班途中，受到非本人主要责任的交通事故或者城市轨道交通、客运轮渡、火车事故伤害的；

（七）法律、行政法规规定应当认定为工伤的其他情形。

第六十二条　用人单位依照本条例规定应当参加工伤保险而未参加的，由社会保险行政部门责令限期参加，补缴应当缴纳的工伤保险费，并自欠缴之日起，按日加收万分之五的滞纳金；逾期仍不缴纳的，处欠缴数额 1 倍以上 3 倍以下的罚款。

依照本条例规定应当参加工伤保险而未参加工伤保险的用人单位职工发生工伤的，由该用人单位按照本条例规定的工伤保险待遇项目和标准支付费用。

用人单位参加工伤保险并补缴应当缴纳的工伤保险费、滞纳金后，由工伤保险基金和用人单位依照本条例的规定支付新发生的费用。

104 劳动者与用人单位签订放弃缴纳社会保险费的协议是否有效？

基本案情

张某于2022年2月入职某餐饮公司从事服务员工作，双方签订为期3年的劳动合同，约定工资为每月2500元。某餐饮公司同时要求张某提供身份证明，由公司为其缴纳社会保险费。张某因社会保险的个人缴纳部分较高，向公司提出自愿放弃缴纳社会保险费，并愿意签订协议书。某餐饮公司认为，放弃缴纳社会保险费可以节约人力成本，同意与张某订立协议，双方约定张某自愿放弃公司为其办理社会保险，并承担由此导致的不利后果。

2023年12月，张某以未依法为其缴纳社会保险费为由向某餐饮公司提出解除劳动合同，并申请劳动仲裁，要求公司支付经济补偿。

争议焦点

某餐饮公司与张某签订的协议是否有效？张某能否以未依法为其缴纳社会保险费为由解除劳动合同并获得经济补偿？

律师解说

根据《中华人民共和国劳动法》第七十二条的规定，用人单位和劳动者均负有依法缴纳社会保险费的义务，不能根据劳动者或用人单位的意愿而免除。本案中，某餐饮公司与张某签订协议放弃缴纳社会保险费的行为，违反了法律的强制性规定，属于《中华人民共和国劳动合同法》第二十六条规定的无效约定，用人单位仍负有为劳动者缴纳社会保险费的义务。根据《中华人民共和国劳动合同法》第三十八条与第四十六条的规定，用人单位未依法为劳动者缴纳社会保险费的，劳动者有权解除劳动合同并要求用人单位向其支付经济补偿。用人单位负有为劳动者缴纳社会保险费并代扣代缴的义务，且相较于劳动者而言应当具有更专业的法律知识和合规意识，无论劳动者是否具有相应过错，用人单位均需要承担未能缴纳社会保险费的不利后果。

因此，即使本案中张某主动提出不缴纳社会保险费的请求，某餐饮公司因此未履行为张某缴纳社会保险费的法定义务，张某仍有权以此为理由解除劳动合同并要求支付经济补偿。

法律规定

《中华人民共和国劳动法》

第七十二条 社会保险基金按照保险类型确定资金来源，逐步实行社会统筹。用人单位和劳动者必须依法参加社会保险，缴纳社会保险费。

《中华人民共和国劳动合同法》

第二十六条 下列劳动合同无效或者部分无效：

（一）以欺诈、胁迫的手段或者乘人之危，使对方在违背真实意思的情况下订立或者变更劳动合同的；

（二）用人单位免除自己的法定责任、排除劳动者权利的；

（三）违反法律、行政法规强制性规定的。

对劳动合同的无效或者部分无效有争议的，由劳动争议仲裁机构或者人民法院确认。

第三十八条 用人单位有下列情形之一的，劳动者可以解除劳动合同：

（一）未按照劳动合同约定提供劳动保护或者劳动条件的；

（二）未及时足额支付劳动报酬的；

（三）未依法为劳动者缴纳社会保险费的；

（四）用人单位的规章制度违反法律、法规的规定，损害劳动者权益的；

（五）因本法第二十六条第一款规定的情形致使劳动合同无效的；

（六）法律、行政法规规定劳动者可以解除劳动合同的其他情形。

用人单位以暴力、威胁或者非法限制人身自由的手段强迫劳动者劳动的，或者用人单位违章指挥、强令冒险作业危及劳动者人身安全的，劳动者可以立即解除劳动合同，不需事先告知用人单位。

第四十六条　有下列情形之一的，用人单位应当向劳动者支付经济补偿：

（一）劳动者依照本法第三十八条规定解除劳动合同的；

（二）用人单位依照本法第三十六条规定向劳动者提出解除劳动合同并与劳动者协商一致解除劳动合同的；

（三）用人单位依照本法第四十条规定解除劳动合同的；

（四）用人单位依照本法第四十一条第一款规定解除劳动合同的；

（五）除用人单位维持或者提高劳动合同约定条件续订劳动合同，劳动者不同意续订的情形外，依照本法第四十四条第一项规定终止固定期限劳动合同的；

（六）依照本法第四十四条第四项、第五项规定终止劳动合同的；

（七）法律、行政法规规定的其他情形。

105 员工放弃缴纳社保，产生的滞纳金谁承担？

基本案情

2018 年 5 月 25 日，林某与某公司签订一份《劳动合同》，某公司聘用林某为客户开发人员。林某同时出具一份《关于自愿放弃公司给予交纳企业社会养老保险金的申请》，内容为："公司领导：我已接到公司关于给本人交纳企业社会养老保险金的正式通知。由于本人在村已入社会保险，自愿放弃厂里保险，特申请自愿放弃公司给予本人交纳企业社会养老保险金。"

2023 年 6 月，林某以公司未为其缴纳社保而投诉到社保部门，社保部门要求某公司为林某补缴 2018 年 5 月到 2023 年 6 月的各项社会保险费，同时要求某公司缴纳滞纳金 111465 元。

2023 年 7 月，某公司诉至法院，要求林某支付因违约造成某公司为林某补缴社会保险的滞纳金损失。法院认为双方均有过错，双方对补缴被告社会保险费滞纳金的承担比例为某公司 70%、林某 30%。

争议焦点

林某出具的《关于自愿放弃公司给予交纳企业社会养老保险金的申请》是否能够免除某公司为其缴纳社会保险费的义务？滞纳金由谁承担？

律师解说

为职工缴纳社会保险费系用人单位的法定义务，该义务不以职工的放弃而免除。本案中，林某与某公司关于社会保险费的约定违反了《中华人民共和国社会保险法》的规定而无效，某公司应当为林某补交社保。

某公司作为用人单位，应当合规经营，诚实履行法律规定的各项义务，其在知道或者应当知道其若不及时为林某缴纳社保，补缴时会产生滞纳金的情形下，仍然未履行该法定义务，某公司对由此产生的滞纳金存在主要过错；而林某作为完全民事行为能力人，其向某公司出具申请，能够认定林某的申请系对其缴纳社会保险费的权利和义务作出的不当处分，该不当处分行为客观上影响了某公司履行上述法定义务，故林某对滞纳金的产生亦有次要过错。一般情况下，法院会结合案情及林某和某公司各自过错程度，认定双方对该滞纳金的承担比例。

法律规定

《中华人民共和国社会保险法》

第五十八条 用人单位应当自用工之日起三十日内为其职工向社会保险经办机构申请办理社会保险登记。未办理社会保险登记的，由社会保险经办机构核定其应当缴纳的社会保险费。

自愿参加社会保险的无雇工的个体工商户、未在用人单位参加社会保险的非全日制从业人员以及其他灵活就业人员，应当向社会保险经办机构申请办理社会保险登记。

国家建立全国统一的个人社会保障号码。个人社会保障号码为公民身份号码。

第六十三条 用人单位未按时足额缴纳社会保险费的，由社会保险费征收机构责令其限期缴纳或者补足。

用人单位逾期仍未缴纳或者补足社会保险费的，社会保险费征收机构可以向银行和其他金融机构查询其存款账户；并可以申请县级以上有关行政部门作出划拨社会保险费的决定，书面通知其开户银行或者其他金融机构划拨社会保险费。用人单位账户余额少于应当缴纳的社会保险费的，社会保险费征收机构可以要求该用人单位提供担保，签订延期缴费协议。

用人单位未足额缴纳社会保险费且未提供担保的，社会保险费征收机构可以申请人民法院扣押、查封、拍卖其价值相当于应当缴纳社会保险费的财产，以拍卖所得抵缴社会保险费。

106 找挂靠公司缴纳社会保险费行不行？

基本案情

吴某在某零售公司担任销售专员岗位，工资较低，某零售公司也一直按照吴某的实际工资基数为吴某缴纳职工社保。最近，吴某发现自己怀孕了，为了得到更高的生育津贴，于是找某零售公司主动要求停交社保，然后找到某外贸公司虚构工作关系，并虚构一份较高的工资，让某外贸公司按照虚构的高工资基数为吴某继续缴纳社保。吴某后来诞下双胞胎，通过此种造假续保的方式，获得生育津贴6万余元。后税务稽查部门发现该情况，要求吴某退还所骗取的生育津贴，并针对吴某骗保行为向公安局报案。

争议焦点

吴某挂靠某外贸公司交社保是否属于违法行为？

律师解说

职工仅限于与用人单位有真实劳动关系的劳动者。在用人单位与劳动者未建立真实劳动合同关系的情况下，劳动者通过挂靠代理公司来缴纳社会保险费，伪造、虚构劳动关系，骗取社会保险金的行为属于违法行为，严重者甚至会被追究刑事责任。

本案中，吴某应当通过某零售公司参加社会保险，其与某外贸公司伪造劳动关系和工资待遇，并缴纳社会保险费，实际上是为了掩盖其不当的目的——申领生育津贴，这一行为可能对生育保险费用的正常征缴和生育保险基金的支付产生不良影响，并损害生育保险保障制度的有序运行。因此，即使某外贸公司为吴某缴纳社会保险费，吴某也不应在生育保险基金中领取生育津贴。吴某以挂靠缴纳社保的方式骗取生育津贴的行为属于严重的违法行为，吴某、某外贸公司及相关责任人将被追究法律责任。

法律规定

《中华人民共和国社会保险法》

第八十八条　以欺诈、伪造证明材料或者其他手段骗取社会保险待遇的，由社会保险行政部门责令退回骗取的社会保险金，处骗取金额二倍以上五倍以下的罚款。

《全国人民代表大会常务委员会关于〈中华人民共和国刑法〉第二百六十六条的解释》

以欺诈、伪造证明材料或者其他手段骗取养老、医疗、工伤、失业、生育等社会保险金或者其他社会保障待遇的，属于刑法第二百六十六条规定的诈骗公私财物的行为。

第二节　工　　伤

107　下班出车祸，责任不明，算工伤吗？

基本案情

吴某系一家煤矿公司职工。2023 年 1 月 15 日 8 时 30 分左右，吴某下班开车回家，途中撞上道路护墙，后被送至医院抢救，于当日抢救无效死亡。目击者称其可能为躲避从路口驶出的二轮摩托车而撞上护墙。交警部门作出的《道路交通事故证明》载明：“交通事故与驶出的二轮摩托车因果关系不能确定、事故原因不能查清、责任不能划定。”煤矿公司于 2023 年 2 月 1 日向当地人力资源和社会保障局提出工伤认定申请。

人力资源和社会保障局于 2023 年 2 月 26 日作出不予认定工伤决定书，认为吴某虽与该单位构成劳动关系，但不属于在下班途中受到非本人主要责任的交通事故伤害的情形，决定不予认定为工伤。双方就该事故是否属于“非本人主要责任”发生争议。

争议焦点

吴某下班出车祸，无法确定是否属于本人主要责任，是否属于工伤？

律师解说

根据法律法规的规定，劳动者在上下班途中，受到非本人主要责任的交通事故或者城市轨道交通、客运轮渡、火车事故伤害的属于工伤。本案中，当事人争议焦点为吴某在本次交通事故中的责任是不是“非本人主要责任”。

《工伤保险条例》的立法目的旨在最大可能地保障主观上无恶意的劳动者在生产劳动过程中遭受事故伤害时，能够获得医疗救治、经济补偿等权利。该条文从责任划分角度排除了交通事故中负主要责任的受害人可以享受工伤保险待遇的情形，但并未排除在事故责任无法认定的情形下受害人可以享受工伤保险待遇的权利。

人力资源和社会保障局作为社会保险行政部门，在无道路交通事故责任划分，经调查后也无法获取其他有效证据能够证明系吴某主要责任的情况下，应当按照法律法规的立法目的，依照有利于申请人权益保护的原则作出工伤认定。

本案中，人力资源和社会保障局以交通事故证明没有认定责任为由，推断为单方事故，认定吴某负主要责任并作出不予认定工伤的决定，不符合《工伤保险条例》的立法目的。只有人力资源和社会保障局能够证明吴某在事故中负主要责任，才能认定本案中吴某不属于工伤，否则应当推定吴某属于工伤，以保障受害人享受工伤保险待遇的权利。

法律规定

《工伤保险条例》

第十四条 职工有下列情形之一的，应当认定为工伤：

（一）在工作时间和工作场所内，因工作原因受到事故伤害的；

（二）工作时间前后在工作场所内，从事与工作有关的预备性或者收尾性工作受到事故伤害的；

（三）在工作时间和工作场所内，因履行工作职责受到暴力等意外伤害的；

（四）患职业病的；

（五）因工外出期间，由于工作原因受到伤害或者发生事故下落不明的；

（六）在上下班途中，受到非本人主要责任的交通事故或者城市轨道交通、客运轮渡、火车事故伤害的；

（七）法律、行政法规规定应当认定为工伤的其他情形。

《最高人民法院关于审理工伤保险行政案件若干问题的规定》

第一条 人民法院审理工伤认定行政案件，在认定是否存在《工伤保险条例》第十四条第（六）项“本人主要责任”、第十六条第（二）项“醉酒或者吸毒”和第十六条第（三）项“自残或者自杀”等情形时，应当以有权机构出具的事故责任认定书、结论性意见和人民法院生效裁判等法律文书为依据，但有相反证据足以推翻事故责任认定书和结论性意见的除外。

前述法律文书不存在或者内容不明确，社会保险行政部门就前款事实作出认定的，人民法院应当结合其提供的相关证据依法进行审查。

《工伤保险条例》第十六条第（一）项“故意犯罪”的认定，应当以刑事侦查机关、检察机关和审判机关的生效法律文书或者结论性意见为依据。

108 签订免责协议是否可以免除用人单位对工伤职工的法定义务？

基本案情

乔某于2023年1月入职某保安服务公司担任驾驶员，双方签订劳动合同，其中约定乔某自愿放弃由某保安服务公司缴纳的社会保险，某保安服务公司增加一部分实发工资作为放弃缴纳社保的经济补偿。2023年10月，乔某在工作时间驾车时发生交通事故，为向肇事方请求赔偿金，乔某与某保安服务公司订立《协议书》，其中载明“双方不存在任何法律纠纷”。此后，人力资源和社会保障部门作出《认定工伤决定书》，认定乔某属于工伤。由于乔某在职期间，某保安服务公司未缴纳社会保险费，乔某向公司申请赔付工伤。某保安服务公司则认为，乔某在入职期间已经自愿签订劳动合同，自愿放弃缴纳社会保险费，且事故发生后声明双方不存在任何法律纠纷，公司无须向乔某赔付任何工伤待遇。

争议焦点

某保安服务公司与乔某先后订立两份协议，能否免于支付乔某应享有的工伤待遇？

律师解说

根据《中华人民共和国社会保险法》第三十三条的规定，用人单位负有为劳动者参加工伤保险并缴纳工伤保险费的法定义务，该义务来源于法律的强制性规定，劳动者要求或同意停缴社会保险费不能免除该法定义务的履行以及不履行该法定义务产生的法律责任。

本案中，某保安服务公司虽然先后与乔某签订劳动合同和《协议书》，但根据《中华人民共和国劳动合同法》第二十六条的规定，其中关于社会保险费缴纳的约定因违反法律、行政法规强制性规定而无效，某保安服务公司不能以此免责。同时，根据《工伤保险条例》第六十二条第二款的规定，应当参加工伤保险而未参加工伤保险的用人单位职工发生工伤的，由该用人单位按照工伤保险待遇项目和标准支付费用。本案中，某保安服务公司未给乔某依法缴纳工伤保险费，应按照工伤保险待遇项目和标准向乔某支付费用。

法律规定

《中华人民共和国社会保险法》

第三十三条 职工应当参加工伤保险，由用人单位缴纳工伤保险费，职工不缴纳工伤保险费。

《中华人民共和国劳动合同法》

第二十六条 下列劳动合同无效或者部分无效：

（一）以欺诈、胁迫的手段或者乘人之危，使对方在违背真实意思的情况下订立或者变更劳动合同的；

（二）用人单位免除自己的法定责任、排除劳动者权利的；

（三）违反法律、行政法规强制性规定的。

对劳动合同的无效或者部分无效有争议的，由劳动争议仲裁机构或者人民法院确认。

《工伤保险条例》

第六十二条 用人单位依照本条例规定应当参加工伤保险而未参加的，由社会保险行政部门责令限期参加，补缴应当缴纳的工伤保险费，并自欠缴之日起，按日加收万分之五的滞纳金；逾期仍不缴纳的，处欠缴数额1倍以上3倍以下的罚款。

依照本条例规定应当参加工伤保险而未参加工伤保险的用人单位职工发生工伤的，由该用人单位按照本条例规定的工伤保险待遇项目和标准支付费用。

用人单位参加工伤保险并补缴应当缴纳的工伤保险费、滞纳金后，由工伤保险基金和用人单位依照本条例的规定支付新发生的费用。

109 劳动者申请工伤认定有时间限制吗？

基本案情

2018 年 2 月，郭某入职某旅游公司担任客车司机。当年 3 月，郭某驾驶某旅游公司的旅游客车与张某驾驶的车辆发生碰撞，造成郭某当场死亡。2019 年 9 月，郭某的妻子田某向当地人社局申请对郭某进行工伤认定，该局作出了不予受理的决定。鉴于此，田某经劳动仲裁后向法院起诉，要求某公司支付丧葬补助金、一次性工亡补助金等在内的工伤保险待遇费用。

争议焦点

田某在郭某发生工伤 1 年后还能否申请对其进行工伤认定？

律师解说

依据《中华人民共和国社会保险法》第三十六条的规定，田某要求某公司支付工伤保险待遇的前提是郭某的死亡已被相关行政部门认定为工伤。根据《工伤保险条例》的规定，用人单位应当自事故伤害发生之日或者被诊断、鉴定为职业病之日起 30 日内，向统筹地区社会保险行政部门提出工伤认定申请，用人单位未在规定的时限内提出工伤认定申请的，工伤职工或者其近亲属、工会组织在事故伤害发生之日或者被诊断、鉴定为职业病之日起 1 年内，可以直接向用人单位所在地统筹地区社会保险行政部门提出工伤认定申请。郭某于 2018 年 3 月发生交通事故，在某旅游公司未申请确认工伤的情况下，作为郭某近亲属的田某应在 2019 年 3 月前向当地行政部门申请确认工伤，然而田某直至 2019 年 9 月才提出申请，其申请已超过法律规定的期限，导致郭某的死亡是否成立工伤未经行政部门认定，故田某据此要求某旅游公司支付相关工伤保险待遇的诉讼请求缺乏事实依据，某旅游公司无须支付相关工伤保险待遇费用。

法律规定

《中华人民共和国社会保险法》

第三十六条 职工因工作原因受到事故伤害或者患职业病，且经工伤认定的，享受工伤保险待遇；其中，经劳动能力鉴定丧失劳动能力的，享受伤残待遇。

工伤认定和劳动能力鉴定应当简捷、方便。

《工伤保险条例》

第十七条　职工发生事故伤害或者按照职业病防治法规定被诊断、鉴定为职业病，所在单位应当自事故伤害发生之日或者被诊断、鉴定为职业病之日起30日内，向统筹地区社会保险行政部门提出工伤认定申请。遇有特殊情况，经报社会保险行政部门同意，申请时限可以适当延长。

用人单位未按前款规定提出工伤认定申请的，工伤职工或者其近亲属、工会组织在事故伤害发生之日或者被诊断、鉴定为职业病之日起1年内，可以直接向用人单位所在地统筹地区社会保险行政部门提出工伤认定申请。

按照本条第一款规定应当由省级社会保险行政部门进行工伤认定的事项，根据属地原则由用人单位所在地的设区的市级社会保险行政部门办理。

用人单位未在本条第一款规定的时限内提交工伤认定申请，在此期间发生符合本条例规定的工伤待遇等有关费用由该用人单位负担。

110 违法分包情形下的工伤保险责任是否以存在劳动关系为前提？

基本案情

某工程公司是某铁路标段工程项目的总承包人，为降低成本，2023年1月将项目中的挖装工序分包给不具有用工主体资格的杨某组织施工，杨某聘用薛某在该项目工地从事驾驶挖掘机作业，某工程公司未为薛某缴纳工伤保险。

2023年9月，薛某在驾驶挖掘机过程中与混凝土搅拌运输车相撞，薛某当场死亡。当地人力资源和社会保障局因某工程公司存在违法分包的事实，认定薛某受到的伤害事故为工伤，该工伤保险责任应由某工程公司承担。某工程公司不服该工伤认定的决定，向主管行政部门申请复议被维持后，又向人民法院提起诉讼。

争议焦点

某工程公司违法分包的情况下，薛某的工伤认定是否需要以存在劳动关系为前提？

律师解说

我国工伤保险制度旨在保障因工作遭受事故伤害或者患职业病的劳动者获得医疗救治和经济补偿。通常情况下，用人单位承担工伤保险责任应以劳动者与用人单位之间存在劳动关系为前提，除非法律、法规或其他司法解释规定了另外的情形。根据《关于确立劳动关系有关事项的通知》第四条的规定，建筑施工企业将工程发包给不具备用工主体资格的自然人，对该自然人招用的劳动者，由发包方承担用工主体责任。《人力资源社会保障部关于执行〈工伤保险条例〉若干问题的意见》第七条与《最高人民法院关于审理工伤保险行政案件若干问题的规定》第三条进一步细化了相关规定在工伤认定时的具体适用，即该自然人聘用的职工从事承包业务时因工伤亡的，用工单位为承担工伤保险责任的单位。

本案中，某工程公司违反法律、法规规定将挖装工序分包给不具备用工主体资格的杨某，薛某作为杨某招用的劳动者在从事承包业务时因工伤亡，应当由某工程公司承担工伤保险责任，而无须以薛某与某工程公司之间存在真实劳动关系为前提。

法律规定

《关于确立劳动关系有关事项的通知》

第四条 建筑施工、矿山企业等用人单位将工程（业务）或经营权发包给不具备用工主体资格的组织或自然人，对该组织或自然人招用的劳动者，由具备用工主体资格的发包方承担用工主体责任。

《人力资源社会保障部关于执行〈工伤保险条例〉若干问题的意见》

第七条 具备用工主体资格的承包单位违反法律、法规规定，将承包业务转包、分包给不具备用工主体资格的组织或者自然人，该组织或者自然人招用的劳动者从事承包业务时因工伤亡的，由该具备用工主体资格的承包单位承担用人单位依法应承担的工伤保险责任。

《最高人民法院关于审理工伤保险行政案件若干问题的规定》

第三条 社会保险行政部门认定下列单位为承担工伤保险责任单位的，人民法院应予支持：

（一）职工与两个或两个以上单位建立劳动关系，工伤事故发生时，职工为之工作的单位为承担工伤保险责任的单位；

（二）劳务派遣单位派遣的职工在用工单位工作期间因工伤亡的，派遣单位为承担工伤保险责任的单位；

（三）单位指派到其他单位工作的职工因工伤亡的，指派单位为承担工伤保险责任的单位；

（四）用工单位违反法律、法规规定将承包业务转包给不具备用工主体资格的组织或者自然人，该组织或者自然人聘用的职工从事承包业务时因工伤亡的，用工单位为承担工伤保险责任的单位；

（五）个人挂靠其他单位对外经营，其聘用的人员因工伤亡的，被挂靠单位为承担工伤保险责任的单位。

前款第（四）、（五）项明确的承担工伤保险责任的单位承担赔偿责任或者社会保险经办机构从工伤保险基金支付工伤保险待遇后，有权向相关组织、单位和个人追偿。

第三节　其　　他

111　用人单位能否与劳动者约定“保险金归用人单位所有”？

基本案情

刘某于 2022 年 7 月入职某家具公司担任装配工，双方签订《员工意外险购买协议》，约定由某家具公司出资为刘某购买人身意外伤害保险，但刘某在发生意外时需要将发放保险金的银行卡上交公司，由公司负责保险金的支取，否则公司不再承担刘某发生意外事故的任何责任。之后某家具公司以刘某为被保险人及受益人，出资为刘某购买了一年的意外保险。2023 年 6 月，刘某在工作过程中受伤，此后被认定为工伤。2024 年 4 月，刘某就其遭受的工伤事故要求保险公司理赔，保险公司赔付 10 万元保险金至刘某银行卡账户。刘某在收到保险金后，未配合某家具公司进行支取，某家具公司因此向法院起诉，要求刘某返还 10 万元保险金。

争议焦点

某家具公司与刘某约定“保险事故发生后保险金归用人单位所有”的条款是否有效?

律师解说

用人单位与劳动者相比通常具有优势地位，用人单位为劳动者投保意外伤害保险时，有可能会利用自身的优势地位指定自己为受益人，进而损害处于弱势地位的劳动者的合法权益。为避免劳动者权益遭受不当侵犯，《中华人民共和国保险法》第三十九条第二款规定，投保人为与其有劳动关系的劳动者投保人身保险，不得指定被保险人及其近亲属以外的人为受益人。

本案中，刘某与某家具公司订立的《员工意外保险购买协议》中约定由某家具公司支取保险金，使某家具公司事实上成为刘某人身保险的实际受益人，规避了法律的禁止性规定。《员工意外保险购买协议》中的相关约定应认定为《中华人民共和国民法典》第一百五十三条规定的无效民事法律行为，不能作为认定双方权利义务的法律依据，某家具公司无权要求刘某返还 10 万元保险金。

法律规定

《中华人民共和国保险法》

第三十九条 人身保险的受益人由被保险人或者投保人指定。

投保人指定受益人时须经被保险人同意。投保人为与其有劳动关系的劳动者投保人身保险，不得指定被保险人及其近亲属以外的人为受益人。

被保险人为无民事行为能力人或者限制民事行为能力人的，可以由其监护人指定受益人。

《中华人民共和国民法典》

第一百五十三条 违反法律、行政法规的强制性规定的民事法律行为无效。但是，该强制性规定不导致该民事法律行为无效的除外。

违背公序良俗的民事法律行为无效。

第六章

劳务派遣与非全日制用工

第一节 劳务派遣

112 劳务派遣协议期限届满，用人单位可以解除合同吗？

基本案情

廖某与某劳务派遣公司签订劳动合同，约定由某劳务派遣公司将廖某派遣至某通信公司工作，担任前台一职。在廖某与某劳务派遣公司的劳动合同履行期间，因某劳务派遣公司与某通信公司的《劳务派遣协议》合同期满，且双方未再续签，故某劳务派遣公司向廖某提出两个方案，一是廖某继续在某通信公司工作，但由为某通信公司提供劳务派遣服务的新劳务派遣单位与廖某签订新的劳动合同；二是廖某与劳务派遣公司协商解除劳动合同。廖某认为某劳务派遣公司应当继续履行双方的劳动合同，对上述方案均不接受，某劳务派遣公司随即以与某通信公司劳务派遣协议期限届满为由通知廖某解除劳动合同。廖某申请劳动仲裁，请求某劳务派遣公司支付违法解除劳动合同的赔偿金。

争议焦点

某劳务派遣公司能否以其与用工单位之间的劳务派遣协议期限届满为由解除与劳动者的劳动合同？

律师解说

根据《劳务派遣暂行规定》第十二条的规定，劳务派遣协议期满终止的，用工单位可以将被派遣劳动者退回劳务派遣单位，被派遣劳动者退回后在无工作期间，劳务派遣单位应当按照不低于所在地人民政府规定的最低工资标准，向其按月支付报酬。劳务派遣单位不得以劳务派遣协议期满终止为由解除与劳动者之间的劳动合同。

本案中，虽然某劳务派遣公司在与某通信公司的《劳务派遣协议》期满后向廖某提出了两个选择方案，但均是与廖某解除劳动合同，不符合法律规定，廖某有权拒绝。在廖某拒绝之后，某劳务派遣公司直接解除与廖某的劳动合同构成违法解除劳动合同，应当向廖某支付违法解除劳动合同的赔偿金。

法律规定

《劳务派遣暂行规定》

第十二条　有下列情形之一的，用工单位可以将被派遣劳动者退回劳务派遣单位：

（一）用工单位有劳动合同法第四十条第三项、第四十一条规定情形的；

（二）用工单位被依法宣告破产、吊销营业执照、责令关闭、撤销、决定提前解散或者经营期限届满不再继续经营的；

（三）劳务派遣协议期满终止的。

被派遣劳动者退回后在无工作期间，劳务派遣单位应当按照不低于所在地人民政府规定的最低工资标准，向其按月支付报酬。

113 用人单位在工资分配过程中区别对待劳务派遣人员，合法吗？

基本案情

2023 年 3 月 15 日，邢某由某劳务公司派遣至某燃气公司工作，从事查表、换表等工作。邢某与某劳务公司约定，邢某的工资发放标准为无底薪的计件工资，由某劳务公司以银行转账方式代为发放。2023 年 8 月 25 日，邢某从某燃气公司的另一查表员处得知，公司正式员工和派遣员工的计件单价工资相差巨大。邢某向某劳务公司和某燃气公司求证，发现情况属实。2023 年 9 月，邢某诉至当地劳动人事争议仲裁委员会，要求某劳务公司向其支付 2023 年 3 月至 2023 年 8 月的同工同酬工资。

争议焦点

某燃气公司在工资分配过程中区别对待劳务派遣人员是否合法？

律师解说

根据《中华人民共和国劳动法》第四十六条的规定，工资分配应当遵循按劳分配原则，实行同工同酬。同工同酬原则对于保障劳动者权益、防止劳动歧视具有重要意义，有利于激发劳动者的积极性和主动性，建立和谐的劳动关系。原劳动部《关于〈劳动法〉若干条文的说明》第四十六条进一步说明，“同工同酬”是指用人单位对于从事相同工作，付出等量劳动且取得相同劳动业绩的劳动者，应支付同等的劳动报酬。包括劳务派遣工在内，只要劳动者工作的岗位与内容相同、劳动量相同、劳动业绩相同，就应做到“同酬”——用人单位应对被派遣劳动者与本单位同类岗位的劳动者实行相同的劳动报酬分配办法，不仅工资待遇相同，社保、福利等也应一视同仁。法律规定用人单位可以根据本单位的生产经营特点、经济效益以及劳动者的个体因素就本单位的工资分配方式自主作出决定，并制定具体方案。但是，如果用人单位在执行工资分配方案中对劳动者区别对待，则可以认定用人单位违反“同工同酬”。

在本案中，邢某被某劳务公司派遣至某燃气公司担任查表员一职，与某燃气公司其他正式查表员的工作任务及工作时间并无差别，某燃气公司应对劳务派遣员工与正式员工实行相同的劳动报酬分配办法，劳动者不应该因其系劳务派遣工或者正式员工的身份问题受到区别对待，但某燃气公司却对正式员工与劳务派遣员工采用了数额相差巨大的计件单价工资，二者的劳动报酬分配办法存在巨大差异。某燃气公司在工资分配过程中区别对待劳务派遣工侵害了邢某本人的合法权益。因此，某劳务公司应向邢某支付2023年3月至2023年8月的同工同酬工资。

法律规定

《中华人民共和国劳动法》

第四十六条 工资分配应当遵循按劳分配原则，实行同工同酬。

工资水平在经济发展的基础上逐步提高。国家对工资总量实行宏观调控。

《中华人民共和国劳动合同法》

第六十三条 被派遣劳动者享有与用工单位的劳动者同工同酬的权利。用工单位应当按照同工同酬原则，对被派遣劳动者与本单位同类岗位的劳动者实行相同的劳动报酬分配办法。用工单位无同类岗位劳动者的，参照用工单位所在地相同或者相近岗位劳动者的劳动报酬确定。

劳务派遣单位与被派遣劳动者订立的劳动合同和与用工单位订立的劳务派遣协议，载明或者约定的向被派遣劳动者支付的劳动报酬应当符合前款规定。

《关于〈劳动法〉若干条文的说明》(劳办发〔1994〕289号)

第四十六条 工资分配应当遵循按劳分配原则，实行同工同酬。

工资水平在经济发展的基础上逐步提高。国家对工资总量实行宏观调控。

本条中的“同工同酬”是指用人单位对于从事相同工作，付出等量劳动且取得相同劳绩的劳动者，应支付同等的劳动报酬。

本条中的“工资水平”是指一定区域一定时期内平均工资的高低程度。

本条中的“工资总量”是指一定时期内国民生产总值用于工资分配的总数量。

本条中的“宏观调控”的具体办法，可执行《关于加强企业工资总额宏观调控的实施意见》（劳部发〔1993〕299号）。

114 劳务派遣单位应对劳动者用工期间的损害承担赔偿责任

基本案情

康某于1996年入职某检验所从事检验员工作，双方签订书面劳动合同，工资由某检验所发放，社会保险由某检验所缴纳至2010年12月。2011年11月起，康某与某劳务派遣公司签订劳务派遣合同，双方约定康某继续在某检验所工作，工资仍由某检验所发放，社会保险费则由某检验所转给某劳务派遣公司，再由某劳务派遣公司为康某缴纳社会保险费。

康某2023年1月在工作过程中受伤，经治疗无效后于2023年4月死亡。由于某检验所在2023年5月才将2023年1－6月的社会保险费转给劳务派遣公司，导致康某2023年1－4月的社会保险费未能按时缴纳，康某住院治疗期间的医疗费用不能报销。之后，康某的法定继承人申请劳动仲裁，要求某检验所、某劳务派遣公司共同向其支付医疗费用。某劳务派遣公司则认为，其已经与某检验所约定仅负责社会保险范围内费用的支付，无须对超出社会保险范围的医疗费用负责。

争议焦点

某劳务派遣公司是否应当对康某用工期间的损害承担连带赔偿责任？

律师解说

依据《中华人民共和国劳动合同法》第九十二条的规定，用工单位给被派遣劳动者造成损害的，劳务派遣单位与用工单位承担连带赔偿责任。

本案中，某检验所作为用工单位未按照合同约定时间向作为劳务派遣单位的某劳务派遣公司支付康某的社会保险费，导致某劳务派遣公司未能按期缴纳社会保险费，致使康某住院治疗期间支出的医疗费不能报销，由此造成的损失应由某劳务派遣公司与某检验所承担连带赔偿责任。依据《劳务派遣暂行规定》第十条的规定，劳务派遣单位可以与用工单位约定补偿办法。某劳务派遣公司主张与某检验所约定劳务派遣公司仅负责社会保险范围内支付的费用，属于双方的内部约定，合法有效，但这一约定仅适用于某检验所与劳务派遣公司，对外不能免除劳务派遣单位向康某承担的法定责任。某劳务派遣公司应先对康某用工期间受到的损害承担连带赔偿责任，再依据其与某检验所之间的内部约定向某检验所追偿。

法律规定

《中华人民共和国劳动合同法》

第九十二条　违反本法规定，未经许可，擅自经营劳务派遣业务的，由劳动行政部门责令停止违法行为，没收违法所得，并处违法所得一倍以上五倍以下的罚款；没有违法所得的，可以处五万元以下的罚款。

劳务派遣单位、用工单位违反本法有关劳务派遣规定的，由劳动行政部门责令限期改正；逾期不改正的，以每人五千元以上一万元以下的标准处以罚款，对劳务派遣单位，吊销其劳务派遣业务经营许可证。用工单位给被派遣劳动者造成损害的，劳务派遣单位与用工单位承担连带赔偿责任。

《劳务派遣暂行规定》

第十条　被派遣劳动者在用工单位因工作遭受事故伤害的，劳务派遣单位应当依法申请工伤认定，用工单位应当协助工伤认定的调查核实工作。劳务派遣单位承担工伤保险责任，但可以与用工单位约定补偿办法。

被派遣劳动者在申请进行职业病诊断、鉴定时，用工单位应当负责处理职业病诊断、鉴定事宜，并如实提供职业病诊断、鉴定所需的劳动者职业史和职业危害接触史、工作场所职业病危害因素检测结果等资料，劳务派遣单位应当提供被派遣劳动者职业病诊断、鉴定所需的其他材料。

115 劳务派遣人员发生工伤，谁来承担工伤保险责任？

基本案情

2021 年 12 月，某劳务派遣公司与某木业公司签订了一份《劳务派遣服务协议》，由某劳务派遣公司派遣人员至某木业公司工作，协议对履行期间、服务费用等进行了明确约定。双方同时约定：若派遣劳动者在工作期间因工受伤，由某木业公司承担工伤保险责任。2021 年末，某劳务派遣公司将谢某派遣至某木业公司工作。2022 年 2 月 6 日，谢某在某木业公司大生产车间给木材脱皮作业时，右前臂被脱皮机的滚轴绞伤。受伤后，谢某至该市医院住院治疗 22 天，于 2022 年 2 月 28 日出院。2022 年 4 月，该市人力资源和社会保障局认定谢某受伤事故性质为工伤，谢某经该市劳动能力鉴定委员会鉴定为劳动能力障碍五级。

2022 年 5 月，谢某请求某劳务派遣公司与某木业公司对其损失承担连带赔偿责任。某劳务派遣公司却称，其与某木业公司曾在《劳务派遣服务协议》中约定，由某木业公司承担劳务派遣人员的工伤保险责任，拒绝向谢某支付伤残补助金等费用。双方发生争议。随后，谢某申请劳动仲裁，请求裁决某劳务派遣公司与某木业公司对其损失承担连带赔偿责任。

争议焦点

谢某作为劳务派遣人员发生工伤，谁来承担工伤保险责任？

律师解说

依据《中华人民共和国民法典》的规定，依法成立的合同，对当事人具有法律约束力。本案中，某劳务派遣公司与某木业公司签订了《劳务派遣服务协议》，约定了工伤保险责任的承担，系双方真实意思表示，且不违反法律、行政法规的强制性规定，内容合法有效，协议双方均受到该协议的约束。但该协议具有相对性，只能约束签订协议的双方，不能约束第三人，故谢某不受该协议的约束，某劳务派遣公司不能以此协议为由主张谢某的损失直接由某木业公司承担责任。根据《中华人民共和国劳动合同法》第九十二条的规定，作为谢某的用工单位，某木业公司承担连带赔偿责任的前提是其在劳务派遣过程中存在过错，否则不承担工伤保险责任。现并无证据证明某木业公司存在过错，故某木业公司无须就谢某的损失承担连带赔偿责任。根据《最高人民法院关于审理工伤保险行政案件若干问题的规定》第三条的规定，承担工伤保险责任的单位为劳务派遣单位。因此，某劳务派遣公司作为劳务派遣单位，应对谢某的工伤承担责任。某劳务派遣公司可待其实际承担责任后，再根据

《劳务派遣服务协议》的约定，另行向某木业公司主张权利。

法律规定

《中华人民共和国民法典》

第一百一十九条　依法成立的合同，对当事人具有法律约束力。

《中华人民共和国劳动合同法》

第九十二条　违反本法规定，未经许可，擅自经营劳务派遣业务的，由劳动行政部门责令停止违法行为，没收违法所得，并处违法所得一倍以上五倍以下的罚款；没有违法所得的，可以处五万元以下的罚款。

劳务派遣单位、用工单位违反本法有关劳务派遣规定的，由劳动行政部门责令限期改正；逾期不改正的，以每人五千元以上一万元以下的标准处以罚款，对劳务派遣单位，吊销其劳务派遣业务经营许可证。用工单位给被派遣劳动者造成损害的，劳务派遣单位与用工单位承担连带赔偿责任。

《劳务派遣暂行规定》

第十条　被派遣劳动者在用工单位因工作遭受事故伤害的，劳务派遣单位应当依法申请工伤认定，用工单位应当协助工伤认定的调查核实工作。劳务派遣单位承担工伤保险责任，但可以与用工单位约定补偿办法。

被派遣劳动者在申请进行职业病诊断、鉴定时，用工单位应当负责处理职业病诊断、鉴定事宜，并如实提供职业病诊断、鉴定所需的劳动者职业史和职业危害接触史、工作场所职业病危害因素检测结果等资料，劳务派遣单位应当提供被派遣劳动者职业病诊断、鉴定所需的其他材料。

《最高人民法院关于审理工伤保险行政案件若干问题的规定》

第三条 社会保险行政部门认定下列单位为承担工伤保险责任单位的，人民法院应予支持：

（一）职工与两个或两个以上单位建立劳动关系，工伤事故发生时，职工为之工作的单位为承担工伤保险责任的单位；

（二）劳务派遣单位派遣的职工在用工单位工作期间因工伤亡的，派遣单位为承担工伤保险责任的单位；

（三）单位指派到其他单位工作的职工因工伤亡的，指派单位为承担工伤保险责任的单位；

（四）用工单位违反法律、法规规定将承包业务转包给不具备用工主体资格的组织或者自然人，该组织或者自然人聘用的职工从事承包业务时因工伤亡的，用工单位为承担工伤保险责任的单位；

（五）个人挂靠其他单位对外经营，其聘用的人员因工伤亡的，被挂靠单位为承担工伤保险责任的单位。

前款第（四）、（五）项明确的承担工伤保险责任的单位承担赔偿责任或者社会保险经办机构从工伤保险基金支付工伤保险待遇后，有权向相关组织、单位和个人追偿。

第二节　非全日期用工

116 全日制用工与非全日制用工的区别

基本案情

2022 年 6 月，张某与某技术咨询公司签订《临时工合同》，约定张某在某技术咨询公司担任炊事员，负责制作某技术咨询公司工作人员的工作日午餐，在工作人员就餐完毕后即可下班，合同期限为 1 年，试用期为 1 个月，每日工作时间为 3 小时，每日工资为 80 元，如存在超时或额外加餐情况根据时长酌情增加工资。2023 年 6 月，双方签订的《临时工合同》到期后未再续签，但张某仍继续在某技术咨询公司负责制作工作日午餐。在工作期间，张某每日的工作时间约为 3 小时，每周的工作时间约为 15 小时，某技术咨询公司按月向张某发放工资。2023 年 9 月，某技术咨询公司通知张某解除劳动关系，张某认为公司的行为构成违法解除劳动合同，申请劳动仲裁，请求某技术咨询公司支付违法解除劳动合同的赔偿金。

争议焦点

某技术咨询公司解除与张某的合同关系是否构成违法解除劳动合同？

律师解说

根据《中华人民共和国劳动合同法》第七十一条和第八十七条的规定，用人单位需要因违法解除劳动合同支付赔偿金的情形仅限于全日制用工关系，非全日制用工中双方当事人任何一方可以随时通知对方终止用工，不存在违法解除问题，也无须支付经济补偿或赔偿金。因此，本案的核心法律问题是张某与某技术咨询公司的劳动关系属于全日制用工关系还是非全日制用工关系。

根据《中华人民共和国劳动合同法》第六十八条的规定，非全日制用工与全日制用工的根本区别在于工作时长不同。全日制用工劳动者在同一用人单位每日工作时间不超过 8 小时，平均每周工作时间不超过 44 小时；非全日制用工劳动者在同一用人单位一般平均每日工作时间不超过 4 小时，每周工作时间不超过 24 小时。本案中，张某在某技术咨询公司工作人员就餐完毕后即可下班，每日的工作时间不超过 4 小时、每周的工作时间不超过 24 小时，且按日计发薪酬，并根据时长酌情增加，符合非全日制用工的基本法律特征，应当认定张某与某技术咨询公司建立的劳动关系属于非全日制用工关系，某技术咨询公司可以随时以通知方式解除与张某的用工关系。本案中，某技术咨询公司在单方通知张某后，双方劳动关系即行解除，张某无权要求某技术咨询公司支付违法解除劳动合同的赔偿金。

法律规定

《中华人民共和国劳动合同法》

第六十八条　非全日制用工，是指以小时计酬为主，劳动者在同一用人单位一般平均每日工作时间不超过四小时，每周工作时间累计不超过二十四小时的用工形式。

第七十一条　非全日制用工双方当事人任何一方都可以随时通知对方终止用工。终止用工，用人单位不向劳动者支付经济补偿。

第八十七条　用人单位违反本法规定解除或者终止劳动合同的，应当依照本法第四十七条规定的经济补偿标准的二倍向劳动者支付赔偿金。

117 用人单位不得以非全日制用工之名掩盖全日制用工之实

基本案情

2021 年 1 月，肖某进入某网络公司从事销售工作。2021 年至 2023 年，肖某与某网络公司分别签订了 3 份《非全日制用工合同》，合同约定肖某每小时薪酬为 16 元/小时。某网络公司通过银行转账的方式向肖某支付工资，每月支付两次，前半月为固定金额，后半月为提成、绩效与奖励工资，两次薪酬均高于按照合同约定小时薪酬计算的金额。肖某的工作时间每日超过 4 小时、每周超过 24 小时。由于某网络公司未为肖某缴纳社会保险费，肖某以此为由提出解除劳动合同，并要求某网络公司向其支付解除劳动合同的经济补偿。

争议焦点

肖某与某网络公司是否构成全日制用工关系？

律师解说

根据《中华人民共和国劳动合同法》第六十八条与第七十二条的规定，非全日制用工应从计酬标准是否以小时计酬为主、每周工作时间是否未超过 24 个小时以及报酬结算是否最长未超过 15 日等方面进行认定。

本案中，某网络公司的报酬结算时间虽然未超过 15 日，但在计酬标准方面，合同小时薪酬并非肖某薪酬的主要组成部分，肖某实际获取的薪酬远高于《非全日制用工合同》约定的小时薪酬计算的金额；在工作时间方面，肖某每日工作超过 4 小时，每周工作超过 24 小时。因而，肖某与某网络公司之间的用工关系符合全日制用工关系的特征，某网络公司应当履行全日制用工形式下的用人单位主体责任，依法为肖某缴纳社会保险费。肖某以某网络公司未缴纳社会保险费为由解除劳动合同，某网络公司应向肖某支付解除劳动合同的经济补偿。

在司法实践中，即使公司与员工签订了名义上为非全日制的用工协议，但实际工作情况符合全日制用工的特点，也可能被认定为全日制用工。是否构成全日制用工关系需要综合考虑工作时间、计酬方式、工资支付周期以及双方合同的内容与执行情况。若用人单位有足够证据证明属于非全日制用工，则会被认定为非全日制用工关系。

法律规定

《中华人民共和国劳动合同法》

第六十八条 非全日制用工，是指以小时计酬为主，劳动者在同一用人单位一般平均每日工作时间不超过四小时，每周工作时间累计不超过二十四小时的用工形式。

第七十二条 非全日制用工小时计酬标准不得低于用人单位所在地人民政府规定的最低小时工资标准。

非全日制用工劳动报酬结算支付周期最长不得超过十五日。

第七章

竞业限制与服务期

第一节　竞 业 限 制

118 用人单位不得擅自扩大竞业限制条款的适用范围

基本案情

2018 年 5 月，高某入职某旅游公司担任大巴驾驶员，双方签订的《劳动合同》中约定："自本合同解除或终止后两年内，高某不得到与某旅游公司生产或者经营同类产品、从事同类业务的有竞争关系的其他用人单位任职，或者自己开业生产、经营同类产品、从事同类业务……在上述竞业限制期限内或竞业限制义务开始之前，某公司可随时书面通知高某停止支付经济补偿，终止竞业限制协议，但在终止之前双方仍应履行竞业限制的义务。"2023 年 6 月，某旅游公司以高某违反公司规章制度为由解除与其的劳动合同。劳动合同解除后，高某请求公司支付竞业限制的经济补偿，但遭到公司拒绝。因双方无法达成一致，高某遂向当地劳动人事争议仲裁委员会申请仲裁。

争议焦点

高某作为大巴驾驶员，是否属于竞业限制人员？

律师解说

依据《中华人民共和国劳动合同法》第二十四条的规定，竞业限制的人员为确实或有条件知悉用人单位商业秘密的人员。一般包括用人单位的高级管理人员、研究开发人员及技术员工、管理部门人员、财会、秘书人员、重要岗位的工人等负有保密义务的劳动者。而劳动者是否具有前述特殊地位，应根据劳动者的工作性质、内容等来判断。

本案中，高某仅为某旅游公司大巴驾驶员，其工作性质与工作地位均不支持其知悉公司的商业秘密，且其不符合法定的竞业限制人员，即便公司在劳动合同中约定有竞业限制条款，该条款对高某与某旅游公司均不具有约束力。综上所述，高某不属于竞业限制人员范围，无权要求某旅游公司向其支付解除劳动合同后的竞业限制经济补偿。

法律规定

《中华人民共和国劳动合同法》

第二十四条 竞业限制的人员限于用人单位的高级管理人员、高级技术人员和其他负有保密义务的人员。竞业限制的范围、地域、期限由用人单位与劳动者约定，竞业限制的约定不得违反法律、法规的规定。

在解除或者终止劳动合同后，前款规定的人员到与本单位生产或者经营同类产品、从事同类业务的有竞争关系的其他用人单位，或者自己开业生产或者经营同类产品、从事同类业务的竞业限制期限，不得超过二年。

119 竞业禁止的期限可以随意约定吗？

基本案情

冯某于2008年7月1日至2021年3月10日任某信息公司总监。冯某与某信息公司签订的《禁止竞争契约》约定：（1）某信息公司经营的业务与开发的产品技术为商业秘密，冯某应当保密；（2）冯某于离职后3年内应当主动避开与某信息公司竞争相同市场及相同产品系列之同业；（3）若冯某发现新任职务或岗位有前述情形，应当主动提供证明通知某信息公司并离职，某信息公司应当以1500元/月支付冯某补偿金，期限为3年；（4）若冯某违背上述约定，应当按照其任职期间已领工资10倍以上的金额向某信息公司支付违约金；（5）本契约有效期至冯某离职后3年为止。

冯某于2021年3月11日离职，后于2023年5月入职某软件公司并从事医疗软件编写工作。某信息公司于2021年3月11日起每月支付给冯某1500元补偿金。2024年，某信息公司发现冯某违反《禁止竞争契约》的约定，要求支付违约金。冯某提出放弃竞业限制补偿金，撤销

《禁止竞争契约》。

争议焦点

冯某放弃补偿金能否免除竞业限制义务？竞业禁止约定的有效期限为 3 年是否有效？

律师解说

根据《中华人民共和国劳动合同法》第二十三条的规定，法律允许用人单位与劳动者签订竞业限制协议，并且要求用人单位在竞业限制期限内按月给予劳动者经济补偿。本案中，冯某与某信息公司自愿签订了《禁止竞争契约》，该契约合法有效，双方应当共同遵守。冯某主张放弃某信息公司竞业禁止补偿金并不当然免除冯某继续遵守该契约的义务，其应当继续履行竞业限制约定。但是根据《中华人民共和国劳动合同法》第二十四条的规定，竞业限制期限约定不得超过 2 年。而《禁止竞争契约》约定的竞业禁止期限为 3 年，超过了法律规定的 2 年的限制，超出部分是无效的，即自 2023 年 3 月 11 日起，冯某已经无须履行竞业限制义务，故某信息公司也无权要求冯某支付违约金。

法律规定

《中华人民共和国劳动合同法》

第二十三条 用人单位与劳动者可以在劳动合同中约定保守用人单位的商业秘密和与知识产权相关的保密事项。

对负有保密义务的劳动者，用人单位可以在劳动合同或者保密协议中与劳动者约定竞业限制条款，并约定在解除或者终止劳动合同后，在竞业限制期限内按月给予劳动者经济补偿。劳动者违反竞业限制约定的，应当按照约定向用人单位支付违约金。

第二十四条 竞业限制的人员限于用人单位的高级管理人员、高级技术人员和其他负有保密义务的人员。竞业限制的范围、地域、期限由用人单位与劳动者约定，竞业限制的约定不得违反法律、法规的规定。

在解除或者终止劳动合同后，前款规定的人员到与本单位生产或者经营同类产品、从事同类业务的有竞争关系的其他用人单位，或者自己开业生产或者经营同类产品、从事同类业务的竞业限制期限，不得超过二年。

120 劳动者违反竞业限制协议需承担相应违约责任

基本案情

赵某为某信息公司销售部副经理，任职期间赵某和某信息公司签订《保密及竞业限制协议》，协议约定赵某在离开某信息公司两年内，除非获得公司书面认可，否则不得受雇于与某信息公司有竞争关系或其他利害关系的其他公司，某信息公司将会给予赵某竞业限制补偿费。如果赵某违反竞业限制协议，应一次性向某信息公司支付其年收入10倍的违约金。赵某在工作一段时间后因个人原因离职，在其离职后，某信息公司按照协议约定每月向其支付1000元竞业限制补偿金。2024年，某信息公司发现赵某在竞业限制期间多次参加与其有竞争关系的某技术公司组织的展会，住宿于某技术公司联系预订的酒店，收取某技术公司销售员工向其支付的40万余元款项。某信息公司认为赵某违反《保密及竞业限制协议》，向当地劳动人事争议仲裁委员会申请仲裁，请求赵某立即停止违反竞业限制的行为并支付违约金。

争议焦点

赵某行为是否违反竞业限制协议？某信息公司是否有权请求赵某支付其年收入 10 倍的违约金？

律师解说

《中华人民共和国劳动合同法》第二十三条规定："……劳动者违反竞业限制约定的，应当按照约定向用人单位支付违约金。"赵某与某信息公司签订的《保密与竞业限制协议》中约定，负有保密义务的劳动者在离职两年内不得从事同行业工作，该竞业限制条款不违反法律、法规的规定，合法有效，对双方均具有约束力。某信息公司按照《保密及竞业限制协议》的约定，履行了向赵某支付竞业限制补偿金的义务，赵某也应按照《保密及竞业限制协议》约定履行竞业限制约定。赵某在竞业限制期内不仅与某技术公司联系密切，还收取某技术公司员工向其支付的 40 万余元款项，存在明显违反竞业限制协议的情形，因此应当向某信息公司支付违反竞业限制违约金。

同时，根据《最高人民法院关于适用〈中华人民共和国民法典〉合同编通则若干问题的解释》第六十五条的规定，除非当事人一方系恶意违约，否则违约金数额不能过分高于损失。某信息公司在主张赵某支付违约金时应当同时对损失的数额进行举证，若双方约定的 10 倍年收入的竞业限制违约金数额明显高于损失时，法院可能会根据《中华人民共和国民法典》及《中华人民共和国劳动合同法》的相关规定，结合某信息公司的实际损失和违约行为的严重程度等因素，进行酌情调整。

法律规定

《中华人民共和国劳动合同法》

第二十三条　用人单位与劳动者可以在劳动合同中约定保守用人单位的商业秘密和与知识产权相关的保密事项。

对负有保密义务的劳动者，用人单位可以在劳动合同或者保密协议中与劳动者约定竞业限制条款，并约定在解除或者终止劳动合同后，在竞业限制期限内按月给予劳动者经济补偿。劳动者违反竞业限制约定的，应当按照约定向用人单位支付违约金。

《最高人民法院关于适用〈中华人民共和国民法典〉合同编通则若干问题的解释》

第六十五条　当事人主张约定的违约金过分高于违约造成的损失，请求予以适当减少的，人民法院应当以民法典第五百八十四条规定的损失为基础，兼顾合同主体、交易类型、合同的履行情况、当事人的过错程度、履约背景等因素，遵循公平原则和诚信原则进行衡量，并作出裁判。

约定的违约金超过造成损失的百分之三十的，人民法院一般可以认定为过分高于造成的损失。

恶意违约的当事人一方请求减少违约金的，人民法院一般不予支持。

121 未明确约定竞业限制经济补偿标准，用人单位如何支付？

基本案情

2020 年 1 月，唐某入职某软件公司，担任某软件公司的高级软件工程师，双方在《劳动合同》中约定，唐某在劳动关系存续期间以及劳动关系解除或终止后两年内，不得在生产同类产品或者经营同类业务的有竞争关系的其他用人单位任职，或者自己开业生产同类产品或者经营同类业务。唐某在某软件公司任职期间，某软件公司无须向唐某支付竞业限制补偿金。自某软件公司与唐某的劳动合同终止或者解除之日起，某软件公司应开始向唐某支付竞业限制补偿金，补偿金额由双方协商一致决定。唐某工作期间，每月实际领取工资平均 14000 元，其中基本工资 1800 元，其余为岗位绩效。

2023 年，唐某因个人原因从某软件公司离职，也严格遵守与某软件公司关于竞业限制的相关约定，并定时将自己的就业和就业变动情况向公司进行通报。但某软件公司每个月却仅按基本工资 1800 元的 30% 即 600 元的标准向唐某支付竞业限制补偿金。唐某认为自己离职前每个月实际拿到的工资有 14000 元，某软件公司至少应当按照该工资的 30% 标准进行发放，而不能仅根据合同约定的基本工资的 30% 进行发放。双方因此发生了争议，唐某向当地劳动人事争议仲裁委员会提起了劳动仲裁申请。

争议焦点

劳动合同约定了竞业限制但未明确约定经济补偿标准，唐某履行竞业限制义务后，某软件公司应按照什么标准进行支付？

律师解说

本案中，唐某与某软件公司在《劳动合同》中约定了竞业限制条款，但未明确竞业限制的经济补偿标准，双方无法就此协商达成一致意见。唐某履行了竞业限制义务，依据《最高人民法院关于审理劳动争议案件适用法律问题的解释（一）》第三十六条的规定，要求某软件公司按照其在离职前 12 个月平均工资的 30% 按月支付经济补偿于法有据。作为计算基数的月平均工资应以实发工资为标准，而非按照基本工资计算。

法律规定

《最高人民法院关于审理劳动争议案件适用法律问题的解释（一）》

第三十六条 当事人在劳动合同或者保密协议中约定了竞业限制，但未约定解除或者终止劳动合同后给予劳动者经济补偿，劳动者履行了竞业限制义务，要求用人单位按照劳动者在劳动合同解除或者终止前十二个月平均工资的30%按月支付经济补偿的，人民法院应予支持。

前款规定的月平均工资的30%低于劳动合同履行地最低工资标准的，按照劳动合同履行地最低工资标准支付。

122 用人单位未支付竞业限制经济补偿，劳动者还需承担竞业限制违约责任吗？

基本案情

2020 年 8 月 5 日，林某入职某餐饮公司，担任公司的产品研发员，负责研发和试制新菜品，改良产品的配方和工艺流程。经双方协商一致，林某与该餐饮公司于当日签订劳动合同，约定林某的任期为 5 年，年薪为 50 万元。

该劳动合同同时约定了保密与竞业限制条款，约定林某须遵守竞业限制协议，在离职后不得自营或者为与企业同类或具有竞争关系的企业提供研究开发服务，不得参与或受雇任何其他具有竞争关系的餐饮企业的经营、管理、顾问、策划等，竞业限制期限为 1 年。在竞业限制期内，某餐饮公司按月给予林某一定数额的经济补偿。若林某违反劳动合同所约定的竞业限制等合同义务，林某应承担违约责任，并赔偿该餐饮公司违约金 100 万元。

2023年3月14日，林某与某餐饮公司产生冲突，双方随后解除了劳动合同，但某餐饮公司却一直未支付林某竞业限制经济补偿。2023年10月，林某入职当地另一家餐饮公司，依旧担任该公司的产品研发员。2023年11月，该餐饮公司向劳动人事争议仲裁委员会申请仲裁，请求裁决林某支付违反竞业限制义务违约金100万元并继续履行竞业限制条款。

争议焦点

某餐饮公司未支付竞业限制经济补偿，林某还需承担竞业限制违约责任吗？

律师解说

基于契约自由和诚实信用理念，用人单位往往会与负有保密义务的员工约定竞业限制条款，以此保护用人单位的技术信息与经营信息。在本案中，林某与某餐饮公司签订劳动合同，对双方劳动关系终止后的竞业限制作出约定，未违反法律、法规强制性规定，双方均应遵照履行。然而，自林某2021年3月14日离职后，某餐饮公司未依约向林某支付经济补偿，已超过3个月。根据《中华人民共和国劳动合同法》和《最高人民法院关于审理劳动争议案件适用法律问题的解释（一）》的规定，在用人单位与劳动者依法订立了竞业限制协议的情况下，若因用人单位的原因导致3个月未支付经济补偿的，劳动者有权解除竞业限制协议。某餐饮公司连续7个月未支付经济补偿，导致林某在遵守竞业限制约定的情况下得不到相应的补偿。某餐饮公司违约在先，其请求林某支付违反竞业限制义务违约金的行为是免除自身法定责任、排除劳动者合法生存利益的行为，不符合公平原则。因此，林某无须承担竞业限制的违约责任。

法律规定

《中华人民共和国劳动合同法》

第二十三条　用人单位与劳动者可以在劳动合同中约定保守用人单位的商业秘密和与知识产权相关的保密事项。

对负有保密义务的劳动者，用人单位可以在劳动合同或者保密协议中与劳动者约定竞业限制条款，并约定在解除或者终止劳动合同后，在竞业限制期限内按月给予劳动者经济补偿。劳动者违反竞业限制约定的，应当按照约定向用人单位支付违约金。

《最高人民法院关于审理劳动争议案件适用法律问题的解释（一）》

第三十八条　当事人在劳动合同或者保密协议中约定了竞业限制和经济补偿，劳动合同解除或者终止后，因用人单位的原因导致三个月未支付经济补偿，劳动者请求解除竞业限制约定的，人民法院应予支持。

第二节　服　务　期

123　岗前培训一星期，提前离职还赔钱，合法吗？

基本案情

2020 年 3 月，钟某入职某市某公司，双方订立了劳动合同，约定钟某从事某公司的咨询师工作。入职后，某公司对钟某进行了为期 1 周的岗前培训，培训内容包括公司规章制度、企业文化、岗位职责、业务简介、具体工作操作等。培训结束后，双方签署了一份《服务期协议》，其中注明某公司对钟某进行了“专业培训”，共计花费培训费 3 万元，钟某须为某公司服务满 3 年后才能离职，未满服务期应支付违约金。

工作满两年后，钟某以个人原因向某公司提出辞职。某公司以钟某未满服务期为由要求钟某支付违约金，并直接从其未发的工资中扣除了违约金 1 万元。钟某不服，遂向当地劳动人事争议仲裁委员会申请仲裁，要求某公司返还其工资。

争议焦点

钟某与某公司签订的《服务期协议》是否有效？

律师解说

服务期是指用人单位与获得特殊待遇的劳动者在劳动合同中或者其他协议中约定的劳动者应当为用人单位提供服务的期限。服务期不能随便约定，用人单位为劳动者提供专项培训费用以进行专业技术培训是用人单位与劳动者约定服务期的前提条件。

专业技术培训是对劳动者提高特定技能、履行特定岗位职责所需的专门性知识和专业性技能所做的培训。需要注意的是，对职工进行的入职培训、岗前培训、转岗培训、常规的安全教育培训等具有通常效用的岗位培训不属于服务期协议中的培训范畴。

本案中，某公司对钟某进行的一些简单、必要的岗前培训，属于新员工入职后正式工作前必须经过的培训内容，而非专业技术培训，且某公司也没有证据证明为此支出了相关的培训费用。因此，某公司既然没有对钟某进行专业技术培训，就无权约定钟某的服务期限，更不存在所谓的违约金，某公司与钟某签订的《服务期协议》因违反法律规定而无效。钟某可随时主动辞职，某公司也无权扣除钟某工资。

法律规定

《中华人民共和国劳动合同法》

第二十二条　用人单位为劳动者提供专项培训费用，对其进行专业技术培训的，可以与该劳动者订立协议，约定服务期。

劳动者违反服务期约定的，应当按照约定向用人单位支付违约金。违约金的数额不得超过用人单位提供的培训费用。用人单位要求劳动者支付的违约金不得超过服务期尚未履行部分所应分摊的培训费用。

用人单位与劳动者约定服务期的，不影响按照正常的工资调整机制提高劳动者在服务期期间的劳动报酬。

《中华人民共和国劳动合同法实施条例》

第十六条　劳动合同法第二十二条第二款规定的培训费用，包括用人单位为了对劳动者进行专业技术培训而支付的有凭证的培训费用、培训期间的差旅费用以及因培训产生的用于该劳动者的其他直接费用。

124 劳动者未满服务期辞职，如何计算违约金？

基本案情

陈某于2019年入职某医院担任住院医师。2020年3月，双方签订《进修合同》，约定某医院派遣陈某到上级医院进修3个月，进修费用8560元由医院承担，进修期间的工资照常发放，进修期满后陈某需要在某医院服务满5年，否则需要退回进修期间的由某医院支付的进修费用作为违约金。陈某进修结束后回到医院继续工作，因个人原因于2023年5月向某医院提出辞职。某医院认为陈某违反了《进修合同》的约定，要求陈某返还所有进修费用即人民币8560元作为违约金。

争议焦点

某医院要求陈某退返还所有进修费用是否符合法律规定？

律师解说

根据《中华人民共和国劳动合同法》第二十二条的规定，用人单位为劳动者提供专项培训费用，对其进行专业技术培训的，可以与该劳动者订立协议，约定服务期，劳动者违反服务期约定应当支付违约金，但违约金数额不得超过服务期尚未履行部分所应分摊的培训费用，培训费用则专指用人单位为了对劳动者进行专业技术培训而支付的有凭证的培训费用、培训期间的差旅费用以及因培训产生的用于该劳动者的其他直接费用。本案中，某医院为陈某提供了进修机会且支付了相应的进修费用，符合专项技术培训的条件，可以与陈某协商约定服务期和相应的违约金，但违约金数额不能超过尚未履行服务期对应的培训费用，《进修合同》中约定陈某返还全部进修费用作为违约金没有法律依据，而应按照“（培训费用 ÷ 服务期期限）×（服务期期限 - 已履行期限）”的方式重新计算违约金。具体至本案中，陈某应当按照 3424 元的标准向某医院支付违约金。

法律规定

《中华人民共和国劳动合同法》

第二十二条 用人单位为劳动者提供专项培训费用，对其进行专业技术培训的，可以与该劳动者订立协议，约定服务期。

劳动者违反服务期约定的，应当按照约定向用人单位支付违约金。

违约金的数额不得超过用人单位提供的培训费用。用人单位要求劳动者支付的违约金不得超过服务期尚未履行部分所应分摊的培训费用。

用人单位与劳动者约定服务期的，不影响按照正常的工资调整机制提高劳动者在服务期期间的劳动报酬。

《中华人民共和国劳动合同法实施条例》

第十六条　劳动合同法第二十二条第二款规定的培训费用，包括用人单位为了对劳动者进行专业技术培训而支付的有凭证的培训费用、培训期间的差旅费用以及因培训产生的用于该劳动者的其他直接费用。

125 劳动者违反服务期约定，用人单位能否要求其返还培训期间的劳动报酬？

基本案情

李某是某医院医师。2022 年 8 月 10 日，某医院作为甲方与李某签订《某医院在职教育协议书》，内容包括：某医科大学接受某医院委托招收李某为 2022 级攻读医学专业硕士学位研究生；乙方（李某）读研毕业后，必须在甲方工作满 8 年；乙方在服务期内主动离职，须返还读研期间甲方支付的培训费用，包括福利待遇、社保、住房公积金、奖金并报销学费，按服务期均额分摊，以乙方已履行的服务期限递减支付。

上述协议签订后，李某参加继续教育脱产学习的时间为 5 个月，其余时间皆跟随导师在某医院临床实习。实习期间，李某需要接受某医院的考勤管理，与其他在职工作人员并无区别。

2023 年 7 月 8 日，李某向某医院提交《辞职申请》并于 8 月 31 日离职。9 月 19 日，某医院通知李某办理离职手续，并要求李某按照《在职教育协议》约定缴纳其在职读研期间支付的培训费用。之后，双方就是否应当返还协议中约定的“培训费用”发生争议。

争议焦点

李某违反服务期约定，某医院能否要求其返还培训期间的劳动报酬？

律师解说

根据《中华人民共和国劳动合同法》第二十二条以及《中华人民共和国劳动合同法实施条例》第十六条的规定，劳动者违反服务期约定的，应当按照约定向用人单位支付违约金，违约金的数额不得超过服务期尚未履行部分所应分摊的培训费用，培训费用包括用人单位为了对劳动者进行专业技术培训而支付的有凭证的培训费用、培训期间的差旅费用以及因培训产生的用于该劳动者的其他直接费用，但不包括按照正常的工资调整机制提高的劳动者在服务期期间的劳动报酬。

本案中，双方在《在职教育协议书》中约定，李某违反服务期约定，须返还读研期间甲方支付的培训费用，包括福利待遇、社保、住房公积金、奖金并报销学费。其中福利待遇、社保、住房公积金以及奖金本质属于劳动报酬，不属于“用人单位提供的培训费用”。根据《中华人民共和国劳动合同法》第二十二条第三款规定，结合李某在脱产学习以外的其他时间均在某医院提供正常劳动的行为可知，某医院有义务支付李某通过正常工作取得的劳动报酬。且对于劳动者通过劳动取得的合法报酬，用人单位不得非法克扣，故李某取得的劳动报酬无须返还。因此，虽然案涉合同条款约定了违约责任为返还“福利待遇 + 社保 + 住房公积金 + 奖金”，但该约定内容明显加重了李某的义务，排除了李某取得劳动报酬的权利，属于《中华人民共和国劳动合同法》第二十六条规定的用人单位免除自己的法定责任、排除劳动者权利的情形，是无效的条款。

法律规定

《中华人民共和国劳动合同法》

第二十二条 用人单位为劳动者提供专项培训费用，对其进行专业技术培训的，可以与该劳动者订立协议，约定服务期。

劳动者违反服务期约定的，应当按照约定向用人单位支付违约金。违约金的数额不得超过用人单位提供的培训费用。用人单位要求劳动者支付的违约金不得超过服务期尚未履行部分所应分摊的培训费用。

用人单位与劳动者约定服务期的，不影响按照正常的工资调整机制提高劳动者在服务期期间的劳动报酬。

第二十六条 下列劳动合同无效或者部分无效：

（一）以欺诈、胁迫的手段或者乘人之危，使对方在违背真实意思的情况下订立或者变更劳动合同的；

（二）用人单位免除自己的法定责任、排除劳动者权利的；

（三）违反法律、行政法规强制性规定的。

对劳动合同的无效或者部分无效有争议的，由劳动争议仲裁机构或者人民法院确认。

《中华人民共和国劳动合同法实施条例》

第十六条　劳动合同法第二十二条第二款规定的培训费用，包括用人单位为了对劳动者进行专业技术培训而支付的有凭证的培训费用、培训期间的差旅费用以及因培训产生的用于该劳动者的其他直接费用。

第八章

经济补偿及赔偿金

126 计算经济补偿时，企业发放的现金工资能计算在内吗？

基本案情

李某于2016年1月入职某电子公司，负责某零件组装，双方约定按照计时工资制的薪酬模式。按照惯例，某电子公司每月通过银行转账的方式向李某支付基本工资1800元，剩余2000元工资通过现金的方式支付。

2021年9月13日，某电子公司召集包括李某在内的员工召开大会并宣布公司因受疫情影响将于2021年10月15日之后停产。当日，某电子公司通知李某2021年10月16日之后不用再到公司上班，并愿意提前结清工资，按照每月1800元的月平均工资标准向其支付经济补偿。

李某认为，1800元只是通过银行转账的基本工资，并未包含每个月通过现金发放的2000元工资。李某与某电子公司协商无果，便申请劳动仲裁。

争议焦点

某公司发放的现金工资能否纳入计算李某经济补偿的工资基数?

律师解说

根据《中华人民共和国劳动合同法》第四十七条及《关于工资总额组成的规定》第三条的规定，工资总额是指单位支付给职工的劳动报酬总额，计算经济补偿的月工资基数应当以劳动者收到的全部工资按月平均后进行计算。某电子公司无论是通过银行转账还是通过现金向李某发放的工资，都属于李某的劳动报酬，在计算月平均工资时，都应当包含在内。实践中，很多用人单位为了各种目的将劳动者的工资部分通过银行转账发放，另一部分通过现金方式发放，但无论是通过何种方式发放，都属于劳动者的劳动报酬，在计算经济补偿时，都应当计算在内。

法律规定

《关于工资总额组成的规定》

第三条 工资总额是指各单位在一定时期内直接支付给本单位全部职工的劳动报酬总额。

工资总额的计算应以直接支付给职工的全部劳动报酬为根据。

《中华人民共和国劳动合同法》

第四十七条　经济补偿按劳动者在本单位工作的年限，每满一年支付一个月工资的标准向劳动者支付。六个月以上不满一年的，按一年计算；不满六个月的，向劳动者支付半个月工资的经济补偿。

劳动者月工资高于用人单位所在直辖市、设区的市级人民政府公布的本地区上年度职工月平均工资三倍的，向其支付经济补偿的标准按职工月平均工资三倍的数额支付，向其支付经济补偿的年限最高不超过十二年。

本条所称月工资是指劳动者在劳动合同解除或者终止前十二个月的平均工资。

《工资支付暂行规定》（劳部发〔1994〕489 号）

第六条　用人单位应将工资支付给劳动者本人。劳动者本人因故不能领取工资时，可由其亲属或委托他人代领。

用人单位可委托银行代发工资。

用人单位必须书面记录支付劳动者工资的数额、时间、领取者的姓名以及签字，并保存两年以上备查。用人单位在支付工资时应向劳动者提供一份其个人的工资清单。

127 用人单位收取劳动者“工装费”，合法吗？

基本案情

2021年3月5日，林某入职某销售公司工作，担任营业员一职。当日，双方签订劳动合同，约定林某的月工资为底薪4000元加抽成，合同期限为3年，自2021年3月5日起至2024年3月4日止。2023年11月16日，某销售公司的区域经理李某和林某在上班期间因工作上的问题发生争执。林某自2023年11月17日起未再至某销售公司上班，某销售公司未再通知林某返岗上班且停止为林某缴纳2023年12月及之后的社会保险。2024年1月，某销售公司与林某经友好协商，决定解除劳动关系。

在职期间，为展示企业形象，某销售公司向林某发放了工作服，并因此向林某收取了工装费800元。在清算工资与费用时，林某认为，解除劳动合同后，公司应向其返还工装费800元。某销售公司认为，退还工装费是公司给已经在公司待满3年员工的福利，而林某并未在某销售公司处工作满3年，故某销售公司无须退还林某工装费800元。

双方因此产生争议。2024 年 2 月，林某向当地劳动人事争议仲裁委员会提起劳动争议仲裁，要求某销售公司返还林某工作服扣款 800 元。

争议焦点

某销售公司收取林某“工装费”，合法吗?

律师解说

为直接表明职业的工作性质、展示企业的精神面貌，在清洁、航空、安保、轨道、酒店等服务行业，公司通常会要求员工穿着统一。依据《中华人民共和国劳动法》第五十四条的规定，在此情形下，穿着工作服是用人单位的统一要求，是劳动者向其履行劳动义务的必要条件，应属于劳动防护用品内容，由此产生的费用应由用人单位承担。在本案中，虽然某销售公司声称其是在林某知情且同意的情况下收取工装费的，并提交了相应公司制度等证据以证明收取该费用的合法性，但是收取工装费的行为属于向劳动者收取财物的行为，该工装费系用人单位基于其经营管理需要收取劳动者的款项。某销售公司向林某收取工装费的行为有违《中华人民共和国劳动合同法》第九条的规定，于法无据，即便林某未在某销售公司工作满 3 年，仍有权要求全额返还。工作服的相关费用理应由用人单位自行承担，某销售公司应向林某退还相关款项 800 元。

法律规定

《中华人民共和国劳动法》

第五十四条 用人单位必须为劳动者提供符合国家规定的劳动安全卫生条件和必要的劳动防护用品，对从事有职业危害作业的劳动者应当定期进行健康检查。

《中华人民共和国劳动合同法》

第九条 用人单位招用劳动者，不得扣押劳动者的居民身份证和其他证件，不得要求劳动者提供担保或者以其他名义向劳动者收取财物。

第八十四条 用人单位违反本法规定，扣押劳动者居民身份证等证件的，由劳动行政部门责令限期退还劳动者本人，并依照有关法律规定给予处罚。

用人单位违反本法规定，以担保或者其他名义向劳动者收取财物的，由劳动行政部门责令限期退还劳动者本人，并以每人五百元以上二千元以下的标准处以罚款；给劳动者造成损害的，应当承担赔偿责任。

劳动者依法解除或者终止劳动合同，用人单位扣押劳动者档案或者其他物品的，依照前款规定处罚。

128 年终奖金是否计入经济补偿基数？

基本案情

2022 年 3 月，冯某入职某销售公司担任副总经理，负责行政、市场营销方面的工作。双方签订劳动合同约定，冯某在职期间每个月固定工资为 8000 元，年终奖金根据公司业绩按年另行发放。2023 年 11 月，某销售公司组织架构进行调整，拟将冯某调任为行政部主管，冯某拒绝人事调整，公司主动与冯某协商解除了双方劳动关系，并以 3 个月工资为标准向冯某发放经济补偿 24000 元。冯某认为公司未将 2023 年度取得的税后年终奖金 8 万元计入月工资计算标准，支付的经济补偿数额不足，提起劳动仲裁。

争议焦点

某销售公司发放的年终奖金是否应当计入计算冯某经济补偿的工资基数？

律师解说

根据《中华人民共和国劳动合同法》第四十七条的规定，经济补偿根据劳动者在本单位工作的年限和月工资共同计算，其中，为了保障认定月工资标准的常态性、客观性及公正性，作为经济补偿计算基数的月工资应为劳动者在劳动合同解除或者终止前 12 个月的平均工资，且不得高于本地区上年度职工月平均工资的 3 倍。由于法律并未明确规定年终奖能否计入计算经济补偿的月工资基数，应当根据《中华人民共和国劳动合同法》第四十七条的立法目的进行判断。《中华人民共和国劳动合同法》第四十七条中以平均工资作为月工资的计算基数，目的在于真实反映劳动者通过付出劳动应得的劳动报酬，防止其因每月工作量和工作时间的差异而产生影响。因此，判断年终奖能否作为计算经济补偿的基数，需要判断年终奖是否属于工资性质的劳动报酬，真实反映劳动者的劳动成果。

本案中，根据双方劳动合同约定，年终奖金的发放根据公司业绩决定，不与冯某本人工作量和工作绩效挂钩，无法反映冯某的工作成果，应属于奖励性质的非工资收入，不能纳入计算经济补偿的月工资基数。

法律规定

《中华人民共和国劳动合同法》

第四十七条 经济补偿按劳动者在本单位工作的年限，每满一年支付一个月工资的标准向劳动者支付。六个月以上不满一年的，按一年计算；不满六个月的，向劳动者支付半个月工资的经济补偿。

劳动者月工资高于用人单位所在直辖市、设区的市级人民政府公布的本地区上年度职工月平均工资三倍的，向其支付经济补偿的标准按职工月平均工资三倍的数额支付，向其支付经济补偿的年限最高不超过十二年。

本条所称月工资是指劳动者在劳动合同解除或者终止前十二个月的平均工资。

129 不应以病假期间工资作为经济补偿的计算基数

基本案情

2011年6月，曹某入职某医药公司担任销售经理。2019年3月19日，双方签订一份最新的劳动合同，合同期限为2019年3月19日至2022年3月18日。曹某工资为每月基本工资加各季度的销售提成。2020年6月，曹某因患急性白血病前往医院治疗，此后便未再回某医药公司工作，某医药公司按当地最低工资标准的80%支付工资。后曹某请求与某医药公司解除劳动关系，并请求某医药公司按照正常提供劳动期间的工资标准支付经济补偿，但某医药公司认为应当按照当地最低工资标准支付经济补偿，双方因此产生争议，难以达成一致意见，曹某遂向当地劳动人事争议仲裁委员会申请仲裁。

争议焦点

如何认定经济补偿的工资计算标准？

律师解说

《中华人民共和国劳动合同法》第四十七条第一款规定："经济补偿按劳动者在本单位工作的年限，每满一年支付一个月工资的标准向劳动者支付。六个月以上不满一年的，按一年计算；不满六个月的，向劳动者支付半个月工资的经济补偿。"该条第三款还规定："本条所称月工资是指劳动者在劳动合同解除或者终止前十二个月的平均工资。"《中华人民共和国劳动合同法实施条例》第二十七条规定："劳动合同法第四十七条规定的经济补偿的月工资按劳动者应得工资计算，包括计时工资或者计件工资以及奖金、津贴和补贴等货币性收入……"依照前述法律法规的规定，经济补偿的月平均工资应按劳动者应得工资计算，此处的"应得工资"理解为劳动者在具备正常劳动条件下通过正常劳动所获得的工资，符合公平原则和劳动法保护劳动者合法权益的立法目的。

本案中，某医药公司认为应按最低工资标准支付经济补偿，但最低工资标准不能反映劳动者正常提供劳动状态下的收入水平，依法应根据曹某的工作年限与正常提供劳动情况下前 12 个月的平均工资标准支付经济补偿。

法律规定

《中华人民共和国劳动合同法》

第四十七条　经济补偿按劳动者在本单位工作的年限，每满一年支付一个月工资的标准向劳动者支付。六个月以上不满一年的，按一年计算；不满六个月的，向劳动者支付半个月工资的经济补偿。

劳动者月工资高于用人单位所在直辖市、设区的市级人民政府公布的本地区上年度职工月平均工资三倍的，向其支付经济补偿的标准按职工月平均工资三倍的数额支付，向其支付经济补偿的年限最高不超过十二年。

本条所称月工资是指劳动者在劳动合同解除或者终止前十二个月的平均工资。

《中华人民共和国劳动合同法实施条例》

第二十七条 劳动合同法第四十七条规定的经济补偿的月工资按照劳动者应得工资计算，包括计时工资或者计件工资以及奖金、津贴和补贴等货币性收入。劳动者在劳动合同解除或者终止前 12 个月的平均工资低于当地最低工资标准的，按照当地最低工资标准计算。劳动者工作不满 12 个月的，按照实际工作的月数计算平均工资。

130 新旧用人单位更替，劳动者工龄能否连续计算？

基本案情

杜某于 2013 年 3 月入职某实业公司旗下的某酒店担任保安部队长，双方口头约定劳动期限为 4 年。2016 年 1 月，由于某实业公司的股东之间发生股权转让，某酒店被注销，新股东重新成立新酒店，继续从事酒店服务，未更换办公地点和经营业务。在此期间，杜某一直在原来的工作地点，长期担任保安队长的岗位，负责酒店安保工作。新酒店成立后，一直未与杜某签订书面劳动合同，也没有为其缴纳社会保险费。

杜某于 2023 年 2 月申请劳动仲裁，以新酒店未依法缴纳社会保险费为由，请求解除与新酒店的劳动关系，并要求新酒店按照 10 年工作年限为标准支付经济补偿。新酒店则认为其仅在 2016 年 1 月后与杜某之间存在劳动关系，仅应向杜某承担 2016 年 1 月至 2023 年 2 月的经济补偿。

争议焦点

杜某的工作单位发生变更，计算经济补偿的工作年限能否连续计算？

律师解说

劳动者的经济补偿根据劳动者在本单位的工作年限计算，反映了劳动者对该用人单位劳动贡献。根据《最高人民法院关于审理劳动争议案件适用法律问题的解释（一）》第四十六条的规定，如果劳动者非因本人原因从原用人单位被安排到新用人单位工作，原用人单位未支付经济补偿，在计算劳动者基于《中华人民共和国劳动合同法》第三十八条解除劳动合同的经济补偿时，工作年限应将劳动者在原用人单位的工作年限合并计算，并以此为基数确定经济补偿。本案中，杜某一直担任某酒店和新酒店的保安部队长职位，提供劳动的时间、地点未发生任何改变，仅是任职单位因某酒店注销而变更，属于《最高人民法院关于审理劳动争议案件适用法律问题的解释（一）》第四十六条规定的“劳动者仍在原工作场所、工作岗位工作，劳动合同主体由原用人单位变更为新用人单位”的情形。因此，计算杜某经济补偿的工作年限应包括杜某在某酒店的工作年限，即自2013年3月起计算至2023年2月止，共计10年。

法律规定

《中华人民共和国劳动合同法》

第三十八条　用人单位有下列情形之一的，劳动者可以解除劳动合同：

（一）未按照劳动合同约定提供劳动保护或者劳动条件的；

（二）未及时足额支付劳动报酬的；

（三）未依法为劳动者缴纳社会保险费的；

（四）用人单位的规章制度违反法律、法规的规定，损害劳动者权益的；

（五）因本法第二十六条第一款规定的情形致使劳动合同无效的；

（六）法律、行政法规规定劳动者可以解除劳动合同的其他情形。

用人单位以暴力、威胁或者非法限制人身自由的手段强迫劳动者劳动的，或者用人单位违章指挥、强令冒险作业危及劳动者人身安全的，劳动者可以立即解除劳动合同，不需事先告知用人单位。

《最高人民法院关于审理劳动争议案件适用法律问题的解释（一）》

第四十六条　劳动者非因本人原因从原用人单位被安排到新用人单位工作，原用人单位未支付经济补偿，劳动者依据劳动合同法第三十八条规定与新用人单位解除劳动合同，或者新用人单位向劳动者提出解除、终止劳动合同，在计算支付经济补偿或赔偿金的工作年限时，劳动者请求把在原用人单位的工作年限合并计算为新用人单位工作年限的，人民法院应予支持。

用人单位符合下列情形之一的，应当认定属于“劳动者非因本人原因从原用人单位被安排到新用人单位工作”：

（一）劳动者仍在原工作场所、工作岗位工作，劳动合同主体由原用人单位变更为新用人单位；

（二）用人单位以组织委派或任命形式对劳动者进行工作调动；

（三）因用人单位合并、分立等原因导致劳动者工作调动；

（四）用人单位及其关联企业与劳动者轮流订立劳动合同；

（五）其他合理情形。

131 劳动者履职给用人单位造成损失，是否应承担赔偿责任？

基本案情

曾某系厦门某织造公司员工，负责原料采购工作，双方签订的劳动合同中未就工作中造成损失的赔偿事宜进行约定。在曾某正式上岗前，某织造公司已经对其业务流程与岗位职责作出了专项培训。然而在一次采购过程中，由于业务员发错原材料布匹编码，曾某未核对就直接采购了另外一种材质更好且价格更贵的布匹，致使某公司在原料采购成本核算上发生错误，造成经济损失达 2 万元。随后某织造公司向曾某出具《警告函》，要求其对损失原因和数额进行确认，曾某遂签字确认。某织造公司认为曾某应当赔偿因工作失误给公司造成的经济损失 2 万元，双方因赔偿事宜无法达成一致。

争议焦点

履职过程中因曾某原因造成某织造公司损失的，曾某是否应当承担赔偿责任？

律师解说

劳动者在履行职务过程中因过错致用人单位损失而发生纠纷的，应按劳动争议案件处理。对于劳动者在劳动过程中造成的损失，如何承担赔偿责任，现行法律法规不是很明晰。目前司法实践主流观点认为，用人单位作为企业的管理者、劳动成果的主要享有者，应承担劳动者履职过程中可能产生的各种风险。劳动者在提供劳动过程中因一般过失造成用人单位的损失应当纳入用人单位经营风险的范畴，不宜将相应风险转嫁给劳动者，只有劳动者在故意或者重大过失对用人单位造成损失的情况下，用人单位才享有向劳动者追偿的权利。重大过失是指劳动者违反最低注意义务，法院一般在认定重大过失时根据事故发生的经过、劳动者的主观过错、用人单位的监管力度、损害后果的大小及各类相关因素综合考量。对于因劳动者存在重大过失造成损失的赔偿金额，应结合劳动者的过错程度、用人单位的监管力度及劳动者实际获得的劳动报酬等情形进行综合认定。

本案中，曾某未按照劳动合同约定以及公司业务操作指引核对业务员提供的采购布匹编码，导致采购错误。由于公司的规章制度以及业务操作指引均已对曾某的具体工作内容作出规范，公司也对曾某进行了相应培训，造成损失的原因在于曾某未能尽到合理、审慎的注意义务，其自身主观过错较大，属于履职过程中重大过失产生损失的情形。因此，某织造公司有权要求曾某承担赔偿责任。

法律规定

《中华人民共和国劳动合同法》

第二十九条　用人单位与劳动者应当按照劳动合同的约定，全面履行各自的义务。

第九十条　劳动者违反本法规定解除劳动合同，或者违反劳动合同中约定的保密义务或者竞业限制，给用人单位造成损失的，应当承担赔偿责任。

《工资支付暂行规定》

第十六条　因劳动者本人原因给用人单位造成经济损失的，用人单位可按照劳动合同的约定要求其赔偿经济损失。经济损失的赔偿，可从劳动者本人的工资中扣除。但每月扣除的部分不得超过劳动者当月工资的 20%。若扣除后的剩余工资部分低于当地月最低工资标准，则按最低工资标准支付。

132 劳动者严重失职造成用人单位损失的，应承担部分赔偿责任

基本案情

程某于2023年入职某信息公司担任会计，王某冒充某信息公司的执行董事刘某，以其名义向程某发送QQ邮件，声称为了公司统一管理使用QQ，让程某加入某QQ群，邮件下方的署名是刘某。程某随后加入该QQ群，在该群中，王某以“执行董事－刘某”的昵称向程某发出125000元的转款指令，具体内容为：“你现在从公司账户上支付125000元整到以上账户，加急支付，所有手续后补，备注用途：保证金。”因公司曾有过先转款后补办手续的先例，程某于是便遵照执行。此后由于刘某迟迟未安排补办手续，程某电话联系刘某后才得知被骗，于是马上报警，公安机关随即立案侦查。事件发生后，某信息公司与程某解除了劳动关系，并以程某在工作中存在严重失职造成公司重大损失为由，请求程某赔偿公司损失125000元。程某承认自身失职，并愿意赔偿公司的经济损失，但双方对具体的赔偿金额始终无法达成一致意见，某信息公司向仲裁委提出仲裁申请。

争议焦点

某信息公司是否有权以程某严重失职为由要求其赔偿公司损失？

律师解说

依据《中华人民共和国劳动合同法》第二十九条的规定，用人单位与劳动者应当按照劳动合同的约定，全面履行各自的义务。劳动者在履行劳动合同过程中，由于违反法律规定或者劳动合同约定，给用人单位造成经济损失的，用人单位有权给予劳动者一定的惩戒。对于劳动者因个人能力的欠缺或轻微过失造成用人单位损失的，属于用人单位在对劳动者选用上的过失，不应由劳动者承担赔偿责任，但对于劳动者由于故意、重大过失等行为造成用人单位损失的，用人单位可以要求劳动者承担赔偿责任。依据《工资支付暂行规定》第十六条的规定，经济损失的赔偿，可从劳动者本人的工资中扣除。但每月扣除的部分不得超过劳动者当月工资的20%。本案中，某信息公司陷入网络诈骗系其缺乏规范管理所致，但程某在转款事件中未审慎核对转款信息真实性，负有重大过失，应当向某信息公司承担相应的赔偿责任，赔偿数额综合程某的过错程度及收入等情况进行认定。

法律规定

《中华人民共和国劳动合同法》

第二十九条 用人单位与劳动者应当按照劳动合同的约定，全面履行各自的义务。

《工资支付暂行规定》

第十六条 因劳动者本人原因给用人单位造成经济损失的，用人单位可按照劳动合同的约定要求其赔偿经济损失。经济损失的赔偿，可从劳动者本人的工资中扣除。但每月扣除的部分不得超过劳动者当月工资的 20% 。若扣除后的剩余工资部分低于当地月最低工资标准，则按最低工资标准支付。

第九章

仲裁时效

133 加班工资能否适用特殊仲裁时效?

基本案情

张某于2015年1月入职某公司担任维序员一职，实行标准工时。由于工作性质原因，张某经常加班，但某公司长期拖欠其加班工资。2023年8月19日，张某因无法忍受长期加班，与某公司解除劳动关系。劳动关系解除后，张某要求某公司结清入职以来的加班工资，某公司予以再三推托。双方因此发生纠纷，由于双方难以达成协商一致的意见，张某遂于2023年9月19日向当地劳动人事争议仲裁委员会申请劳动仲裁，并出示了入职以来公司出具的加班工资欠条作为证据，要求公司支付自入职起至2023年8月的加班工资。某公司则抗辩称，2022年8月19日前的加班工资已经超过了1年的仲裁时效，其无须支付该部分加班工资。

争议焦点

张某向某公司主张加班工资能否适用《中华人民共和国劳动争议调解仲裁法》中的特殊仲裁时效？

律师解说

《中华人民共和国劳动争议调解仲裁法》第二十七条规定了劳动争议申请仲裁的时效期间为 1 年，从当事人知道或应当知道其权利被侵害之日起计算。这是法律规定的“一般劳动仲裁时效”。但是一般仲裁时效很多情形下并不能保护劳动者的合法权益，劳动者会为了维持劳动关系而不敢向用人单位主张拖欠的工资。因此《中华人民共和国劳动争议调解仲裁法》规定，因劳动关系存续期间拖欠劳动报酬发生的争议不受前述 1 年时间的限制，仲裁时效为劳动关系终止之日起 1 年，即“特殊仲裁时效”。依据《关于工资总额组成的规定》第四条的规定，劳动报酬依法应包括加班加点工资，因此加班工资应适用特殊仲裁时效。

本案中，张某加班工资的仲裁时效应从其与某公司的劳动关系终止之日起计算，即 2023 年 8 月 19 日开始计算，尚未超过 1 年的仲裁时效期限。

法律规定

《中华人民共和国劳动争议调解仲裁法》

第二十七条　劳动争议申请仲裁的时效期间为一年。仲裁时效期间从当事人知道或者应当知道其权利被侵害之日起计算。

前款规定的仲裁时效，因当事人一方向对方当事人主张权利，或者向有关部门请求权利救济，或者对方当事人同意履行义务而中断。从中断时起，仲裁时效期间重新计算。

因不可抗力或者有其他正当理由，当事人不能在本条第一款规定的仲裁时效期间申请仲裁的，仲裁时效中止。从中止时效的原因消除之日起，仲裁时效期间继续计算。

劳动关系存续期间因拖欠劳动报酬发生争议的，劳动者申请仲裁不受本条第一款规定的仲裁时效期间的限制；但是，劳动关系终止的，应当自劳动关系终止之日起一年内提出。

《关于工资总额组成的规定》

第四条　工资总额由下列六个部分组成：

（一）计时工资；

（二）计件工资；

（三）奖金；

（四）津贴和补贴；

（五）加班加点工资；

（六）特殊情况下支付的工资。

134 未订立书面劳动合同二倍工资差额的仲裁时效如何计算？

基本案情

叶某于2022年1月8日进入厦门某公司工作，双方未签订劳动合同。2023年8月24日，叶某与某公司解除劳动合同。2023年11月24日，叶某向厦门市集美区劳动人事争议仲裁委员会申请仲裁，要求某公司支付自2022年2月8日至2023年1月8日未订立书面劳动合同二倍工资差额。某公司辩称，已过1年仲裁时效。

争议焦点

未订立书面劳动合同二倍工资差额的仲裁时效应从何时起算？

律师解说

我国对劳动争议案件的处理采取的是仲裁前置模式，即劳动仲裁是劳动争议诉讼的前置程序。法律对于劳动仲裁规定了仲裁时效，劳动仲裁时效是指劳动者在法定期间内不行使权利即丧失请求劳动争议仲裁机构依法保护其权利并同时承担相应的法律后果的法律制度。关于未签订书面劳动合同的二倍工资仲裁时效的计算方式，《中华人民共和国劳动合同法实施条例》第六条规定，用人单位自用工之日起超过 1 个月不满 1 年未与劳动者订立书面劳动合同的，应当依照《劳动合同法》第八十二条的规定向劳动者每月支付两倍的工资，用人单位向劳动者每月支付两倍工资的起算时间为用工之日起满 1 个月的次日，截止时间为补订书面劳动合同的前 1 日。《中华人民共和国劳动争议调解仲裁法》第二十七条规定，劳动争议申请仲裁的时效期间为 1 年。前述规定并未明确本案的二倍工资差额的劳动仲裁时效应如何计算。

但《厦门市中级人民法院、厦门市劳动人事争议仲裁委员会关于审理劳动争议案件若干疑难问题的解答》第七条规定：“《中华人民共和国劳动合同法》第八十二条所称的‘二倍工资’中加付的一倍工资并不属于劳动报酬，劳动者申请仲裁的时效为一年。用人单位自用工之日起超过一个月未与劳动者订立书面劳动合同，劳动者要求用人单位支付加付的一倍工资的，按日分别计算仲裁时效。”根据该规定，本案中，叶某只能主张自 2022 年 11 月 24 日至 2023 年 1 月 8 日未订立书面劳动合同二倍工资差额。因此，建议劳动者在面对用人单位未签订劳动合同的情况下，应当尽早主张权利，避免超过仲裁时效。

法律规定

《中华人民共和国劳动合同法实施条例》

第六条 用人单位自用工之日起超过一个月不满一年未与劳动者订立书面劳动合同的，应当依照劳动合同法第八十二条的规定向劳动者每月支付两倍的工资，并与劳动者补订书面劳动合同；劳动者不与用人单位订立书面劳动合同的，用人单位应当书面通知劳动者终止劳动关系，并依照劳动合同法第四十七条的规定支付经济补偿。

前款规定的用人单位向劳动者每月支付两倍工资的起算时间为用工之日起满一个月的次日，截止时间为补订书面劳动合同的前一日。

《中华人民共和国劳动争议调解仲裁法》

第二十七条 劳动争议申请仲裁的时效期间为一年。仲裁时效期间从当事人知道或者应当知道其权利被侵害之日起计算。

前款规定的仲裁时效，因当事人一方向对方当事人主张权利，或者向有关部门请求权利救济，或者对方当事人同意履行义务而中断。从中断时起，仲裁时效期间重新计算。

因不可抗力或者有其他正当理由，当事人不能在本条第一款规定的仲裁时效期间申请仲裁的，仲裁时效中止。从中止时效的原因消除之日起，仲裁时效期间继续计算。

劳动关系存续期间因拖欠劳动报酬发生争议的，劳动者申请仲裁不受本条第一款规定的仲裁时效期间的限制；但是，劳动关系终止的，应当自劳动关系终止之日起一年内提出。

《厦门市中级人民法院、厦门市劳动人事争议仲裁委员会关于审理劳动争议案件若干疑难问题的解答》

第七条　《劳动合同法》第八十二条所称的“二倍工资”中加付的一倍工资并不属于劳动报酬，劳动者申请仲裁的时效为一年。用人单位自用工之日起超过一个月未与劳动者订立书面劳动合同，劳动者要求用人单位支付加付的一倍工资的，按日分别计算仲裁时效。

135 劳动者维权需及时，仲裁时效要注意

基本案情

杨某于 2020 年 1 月入职成为某公司员工，从事后台客服工作。2021 年 7 月 31 日，某公司因经营业绩较差，收入大幅度下滑，入不敷出而不得已进行裁员，并以经济性裁员为由解除了与杨某的劳动合同，但未向杨某支付任何经济补偿。同日，杨某签收了《解除劳动合同证明》，并找到了其他的工作。杨某与某公司解除劳动合同之后，杨某从未向某公司主张经济补偿。

2023 年 3 月 13 日，杨某从朋友处了解到，用人单位实施经济性裁员应当支付经济补偿，决定向劳动人事争议仲裁委员会申请劳动仲裁，要求某公司支付经济补偿。某公司认为杨某的仲裁请求超过仲裁时效，仲裁申请不应得到支持。

争议焦点

杨某在离职超过 1 年后申请劳动仲裁，仲裁请求能否被支持？

律师解说

本案中，杨某要求某公司支付经济补偿属于劳动争议仲裁的范围，应适用《中华人民共和国劳动争议调解仲裁法》第二十七条关于仲裁时效的规定。由于经济补偿不属于劳动报酬，故杨某的仲裁请求不适用特殊仲裁时效，而应适用普通仲裁时效，从其知道或应当知道其权利被侵害之日起计算仲裁时效。杨某于 2021 年 7 月 31 日收到某公司的《解除劳动合同证明》起应当知道其权利被侵害，但未在 1 年的法定期限内提出劳动仲裁申请，又无证据证明存在仲裁时效中断、中止的情形，杨某主张的权利已超过仲裁时效，且某公司提出了仲裁时效的抗辩，杨某的仲裁请求无法得到支持。

劳动争议案件中，劳动者在依法维护自身权益时，一定要注意《中华人民共和国劳动争议仲裁调解法》第二十七条关于劳动争议仲裁时效的规定，以免因超过时效期间导致维权无果。与普通民事案件适用的 3 年诉讼时效期间不同，劳动争议仲裁时效期间均为 1 年，一般争议适用普通时效，从当事人知道或者应当知道其权利被侵害之日起计算。仅因拖欠劳动报酬发生争议的，适用特殊时效，时效期间不是从当事人知道或者应当知道其权利被侵害之日起计算，而是从劳动关系终止之日起算。此外如果有导致仲裁时效发生中止、中断的情形，劳动者应注意保留证据予以主张。

法律规定

《中华人民共和国劳动争议调解仲裁法》

第二十七条 劳动争议申请仲裁的时效期间为一年。仲裁时效期间从当事人知道或者应当知道其权利被侵害之日起计算。

前款规定的仲裁时效，因当事人一方向对方当事人主张权利，或者向有关部门请求权利救济，或者对方当事人同意履行义务而中断。从中断时起，仲裁时效期间重新计算。

因不可抗力或者有其他正当理由，当事人不能在本条第一款规定的仲裁时效期间申请仲裁的，仲裁时效中止。从中止时效的原因消除之日起，仲裁时效期间继续计算。

劳动关系存续期间因拖欠劳动报酬发生争议的，劳动者申请仲裁不受本条第一款规定的仲裁时效期间的限制；但是，劳动关系终止的，应当自劳动关系终止之日起一年内提出。